**Pedro Almodóvar**

# Pedro Almodóvar
# Alguien del montón

Juan David Correa Ulloa

100
personajes • autores

PANAMERICANA
EDITORIAL

Correa Ulloa, Juan David, 1976-
Pedro Almodóvar / Juan David Correa. — Bogotá:
Panamericana Editorial, 2005.
148 p. ; cm. — (Personajes)
Incluye cronología
ISNB 958-30-1684-5
1. Almodóvar, Pedro, 1949- 2. Directores de cine - Biografías
3. Cine - España I. Tít. II. Serie.
927.9143 cd 19 ed.
AJB6158

CEP-Banco de la República-Biblioteca Luis Ángel Arango

**Editor**
Panamericana Editorial Ltda.

**Dirección editorial**
Conrado Zuluaga

**Edición**
Mireya Fonseca Leal

**Diseño, diagramación e investigación gráfica**
Editorial El Malpensante

Cubierta: Retrato del director de cine español, Pedro Almodóvar.
© Cortesía Revista Kinetoscopio

Primera edición: junio de 2005
© Panamericana Editorial Ltda.
Texto: Juan David Correa Ulloa
Calle 12 N° 34-20, Tels.: 3603077–2770100
Fax: (57 1) 2373805

Correo electrónico: panaedit@panamericanaeditorial.com
www.panamericanaeditorial.com
Bogotá D. C., Colombia

ISBN 958-30-1684-5



Impreso por Panamericana Formas e Impresos S. A.
Calle 65 N° 95-28, Tels.: 4302110–4300355, Fax: (57 1) 2763008
Quien sólo actúa como impresor.
Impreso en Colombia
*Printed in Colombia*

"Ser director de cine en España es como ser torero en Japón".

*Pedro Almodóvar*

# La infancia recuperada

Decidió irse a Madrid tras haber hecho una lista de todas las cosas que le desagradaban: los trajes negros que invariablemente llevaban las vecinas de su madre; la soledad a las seis de la tarde; la halitosis agria del mal vino; las piernas hinchadas por las várices, la obesidad de su padre, la idea de convertirse en cajero de la Caja Postal; la obsesión de su madre porque se hiciese cura; la pretensión de su padre por convertirlo en médico, ingeniero o abogado; las comedias repetidas que ya sabía de memoria y la tardanza del correo con la que llegaban sus libros favoritos. Al volver la vista atrás, quiso creer que era la última vez que vería esos paisajes desiertos. Se prometió no volver jamás y se equivocó: la memoria, como reconoció después, "es algo que uno posee a su pesar".

Nació el 25 de septiembre de 1951 en Calzada de Calatrava, Castilla-La Mancha, un pueblo al que se llega por carreteras secundarias. Fue el tercer hijo de la familia y un parto duro como el de todos los demás. Según su madre, doña Francisca Caballero, pesó casi cinco kilos y dio brega desde el principio. El parto ocurrió en la misma habitación en la que moriría su padre. La casa era amplia y no reflejaba la cruda economía familiar; tenía seis habitaciones, un patio y varios cuartos austeros, alumbrados con velas y adornados con estampas de la Virgen. Sus primeros años estuvieron cubiertos por una serenidad vaga, por una suerte de quietud bucólica. En las fotos de entonces, se ve compacto y ya con los trazos robustos que adornarán su adolescencia y adultez. Un día, una historia le cambió el destino. Su madre o una de sus vecinas hablaba de una mujer que se había suicidado lanzándose a un pozo. La imagen se le quedó grabada, no pudo sacársela de la cabeza. Intentó encontrar explicaciones para un acto que se le antojaba desesperado e inventó un pequeño relato a partir del episodio; aunque pronto olvidó su desarrollo, el cuadro lo perseguiría a lo largo de toda su vida. Es probable que tuviera cuatro años y que desde entonces se convirtiera en parte del mundo femenino, aun sin saberlo.

Calzada de Calatrava se encuentra a 37 kilómetros de Ciudad Real, en las estribaciones de la Sierra Morena. El lugar siempre fue oscuro. Tenían la foto del generalísimo Francisco Franco enmarcada en los cuadros que adornaban los salones de las escuelas y una cruz de madera a su lado. La orden había sido impuesta por el mismo dictador, tras convencer a la nunciatura romana de reconocer su régimen a nivel internacional, con la promesa de darles el control total sobre la educación en el país. En Calzada, las gentes eran buenas, como todos los campesinos del mundo, aunque muy conservadoras. Los hombres bebían vino al finalizar la jornada; las mujeres iban a misa vestidas de negro por lutos inmemoriales, y los niños corrían por la única calle principal al salir de la escuela. Era un pueblo de pocos ricos y de muchos pobres.

Dicha calle era blanca, encalada y desértica. El pueblo apenas alcanzaba los diez mil habitantes en los primeros años de la década de los cincuenta. Francisca Caballero se dedicaba a las labores de la casa, y su esposo, Antonio Almodóvar, hacía y vendía vino y aceite en la Sierra Morena. Con lo poco que ganaba alimentaba las bocas de sus dos hijas, María de Jesús y Antonia, y de sus dos hijos, Pedro y Agustín. Francisca pasaba los días cosiendo en un pequeño taller, mientras conversaba con sus vecinas sobre el sueño de que su Pedro se convirtiera, algún día, en cura. En las tardes, reunía a sus hijos y escribía cartas a sus vecinas, o se las leía, en vista de la poca alfabetización que tenían ellas. Cuando las noticias no eran muy buenas, las adornaba, y las convertía en cuentos que los niños escuchaban alelados. Allí Pedro aprendió la barrera que separa la ficción de la realidad. Calzada era un territorio flanqueado por volcanes y acaso eso explicaba la naturaleza sulfúrica de Paquita; siempre inventaba dichos o acudía al refranero popular para sentenciar las conversaciones. Su casa era un típico hogar de labriegos, rodeado de bueyes, conejos, burros y gallinas, donde crecían sus cuatro hijos.

Las mujeres siempre estaban secreteándose o hablando en clave para evadir el juicio severo de sus maridos. En los solares, Pedro Almodóvar escuchaba historias sobre hijos ausentes, amores imposibles o palizas nocturnas. Comprendió desde muy temprano que ellas tenían el control de la familia, a pesar del machismo reinante. Mientras su padre era silencioso y sólo hablaba para dar órdenes, su madre hacía caso omiso de sus mandatos y se dedicaba a recitar pequeños poemas y a llevar la casa a su manera. Dos años después de Pedro había nacido su segundo hijo varón, Agustín, a quien Pedro convirtió en su aliado con nomás verlo.

Pedro iba de la escuela oficial a la casa, y de la casa a la escuela. En el pueblo no había sala de cine, la única diversión era la lectura cuando había libros. En caso contrario, su madre les recitaba versos de su propia invención, como: "Qué hermosa está la mañana / la luz del sol centellea / las flores dan sus perfumes / sus rumores la arboleda. / Allí se escucha el balido de los rebaños de oveja / que como copos de nieve / se destacan en la hierba". A pesar de las lecturas nocturnas, lo que más lo impresionaba eran las historias de sus vecinas, que su propia madre aderezaba. Todas eran tragedias que luego Pedro repetía a sus amigos, agregando pasajes narrativos para hacerlas más interesantes. Además, imitaba a aquellas mujeres, las hacía personajes de sus propias desgracias, mientras actuaba bajo la sombra de los árboles ante un escaso auditorio que lo escuchaba concentrado: Pedro se creía lo que contaba.

A los siete años, don Agapito, uno de sus maestros, le regaló un libro grueso titulado *El ingenioso hidalgo Don Quijote de la Mancha*. Le gustó, pues a pesar de tratarse de un hombre manchego como los de su familia, no era resignado ni aprehensivo. Más bien, se le ocurría, era todo lo contrario, un hombre capaz de creer en las novelas de caballería con tal convicción que se hacía caballero, y se alejaba de la seguridad del hogar para vivir su propia aventura.

Un día de 1959, Francisca decidió que debían irse de Calzada. Pedro tenía ya ocho años y había acabado su primaria.

Según Antonia, la hermana mayor de la familia, "fue mi madre quien decidió que teníamos que marcharnos de allí, porque ya no había trabajo". Para Francisca, la crisis económica del país terminaría por devorarse al pueblo, y en esa tierra árida no habría porvenir para su familia. Le habían dicho que en Extremadura podrían encontrar mejores oportunidades, y muchas familias ya habían recalado en esa región prometedora, pero en el fondo ella sabía que era sólo una excusa para dejar un pueblo yerto a la vera de caminos olvidados. Dejaban atrás una tierra "muy dura en la que no se entiende ni la sensualidad ni la alegría de vivir ni siquiera los colores. A lo mejor por eso empleo yo tantos en mis películas, por una reacción que ya debió empezar en el vientre de mi madre, veinte años vestida de negro", explicó Almodóvar tiempo después a los reporteros de la BBC.

Al llegar a Cáceres, Pedro entró como interno al colegio de los salesianos. Esa era la única salida para la pobreza reinante: que comenzara a hacer los votos para hacerse cura. Extremadura ofrecía una geografía también agreste, así que el cambio se notó más bien poco. Era otra tierra de nadie flanqueada por castillos medievales y calles sembradas de piedra. No obstante, el pueblo tenía más de una calle y, además, una sala de cine. Una sala que la familia visitó para el aniversario de bodas de los Almodóvar: "Recuerdo a toda la familia viendo *Guerra y paz* en el cine para celebrar un aniversario de bodas. Al segundo beso, todos a casa...", diría después.

A Pedro lo fascinó aquella proyección. Apenas podía fugarse de la escuela, llevaba al escondido a su hermano Agustín a ver las películas religiosas de la época. Agustín agradeció años después el gesto, y recordó que era extraño que su hermano no se interesara por los toros o el fútbol, aficiones más naturales entre los de su edad. Pero a Pedro el cine comenzaba a obsesionarlo. Iban a ver *Los diez mandamientos*, de Cecil B. De Mille, con Charlton Heston, Yul Brynner y Anne Baxter. Juntos vieron *Marcelino, pan y vino,* de Ladislao Vajda, y cada vez más las hermanas y la madre gozaban por la fantasiosa manera en que Pedro repetía los argumentos, sin que se parecieran demasiado al original. En esa misma sala, además del cine religioso promovido con insistencia por las autoridades de la época, vio también las comedias estadounidenses con Doris Day, los melodramas de Douglas Sirk y las películas de Lola Flores, donde descubriría la imagen de una diva de la misma estatura de Imperio Argentina o Sarita Montiel. Recuerda: "En aquel primer cine de pueblo, además de la sillita donde me acomodaba, también traía de casa una lata de picón para combatir el frío durante la proyección. Con los años, el calor de ese improvisado brasero se ha convertido en el paradigma de lo que el cine significaba para mí".

Cada vez que había un estreno, en el pueblo corría la voz de "que ya llegaba el cinero", y Pedro sufría por verlo como si en ello se le fuera la vida. Muy pronto dedujo que aquello que veía en la pantalla no era sino un artificio muy convincente que a él le gustaría hacer algún día. Entonces lo tomó en serio y comenzó a grabarse nombres de sus directores preferidos, como Billy Wilder, uno de sus grandes ídolos, a quien años después conocería, aunque aún ni lo imaginara. Además, estaban películas como *Dos en la carretera*, de Stanley Donnen; *Los cuatrocientos golpes*, de François Truffaut, o *Al final de la escapada*, de Jean-Luc Godard.

Su realidad, sin embargo, aunque tocada ya para siempre por el proyector y el ojo que hace verdadera la ilusión, se vio confrontada hondamente con las películas de neorrealismo italiano, más cercano a su clase, a sus vivencias provincianas y a los personajes con los que convivía cada día. A pesar de ello, la película que más lo conmovió al cumplir los trece años fue *La aventura*, de Michelangelo Antonioni, que, paradójicamente, muestra un dibujo perfecto de las mujeres de la burguesía a través de delicados cuadros en blanco y negro.

> Cuando vi *La aventura* [1960], quedé trastornado. Pensé: "Dios mío, esta película habla de mi vida", lo que era disparatado porque no sabía lo que era la burguesía y era sólo un niño. La película hablaba del aburrimiento y eso sí sabía lo que era allá en Extremadura. Me sentía exactamente como Monica Vitti en la película, podía hablar como ella: "No sé qué hacer, bueno, vamos al *night club*... Creo que tengo una idea... pero no sé lo que es...".

Luego dirá que acaso se trataba de una reacción bastante *kitsch* ligada a su sensibilidad *gay*, aunque comprendía por vez primera que era una sensación honesta.

En el internado, Pedro se convirtió en un destacado corista. Cumplía con las notas y, poco a poco, comenzó a aborrecer el clima monacal y quieto en el que vivía. Se enteró de que algunos de sus compañeros de estudio eran llevados a las oficinas de los principales donde se les pedían favores *non sanctos*. En ese ambiente de anchos corredores, en los cuales todo conspiraba contra su salud, descubrió su destreza para abstraerse del mundo e inventar historias. También experimentó el nacimiento de su amor por compañeros de su clase, y, aunque sostuvo algunos amoríos ocasionales, su sexualidad era aún muy abstracta. En las jornadas de estudio se convenció de que la soledad es un recinto sagrado, que sentirse distinto no era un pecado y que nadie le diría jamás en la vida lo que debía hacer. Cuando le preguntaban qué era, sólo decía, "soy un nihilista". A sus amigos les repetía una y otra vez el argumento de *El manantial de la doncella*, la película del director sueco Ingmar Bergman filmada en 1957, basada en una leyenda popular del siglo XIV, cuando el cristianismo recién arraigado se fundía con los mitos de Odín, y contaba la tragedia de Karin, una muchacha violada por tres bandidos cuando se disponía a entregar una ofrenda a la Virgen. El clima de la película, lleno de taras religiosas, venganzas y culpas, era un sacrilegio en aquel lugar del que Pedro quería escapar.

Los días pasaban entre las misas colectivas y aquellas para las que eran seleccionados algunos impúberes del gusto de los curas. A Pedro jamás le pondrían una mano encima, aunque algunos curas le pedían que cantara una y otra vez en sesiones privadas. Aunque los complacía, fijaba sus grandes ojos en alguno de los compañeros amados, y esa mirada era la declaración de principios de su homosexualidad, de su amor y deseo por otros hombres. Así también se le revelaba el odio contra esas criaturas torvas, siempre vestidas de negro, que espetaban sermones temerarios. Amor y odio se convirtieron en una misma palabra. Mujeres y hombres en sensibilidades contrarias. Curas y monjas en perversiones. El campo, como una oposición dura y cruda del mundo prometido y soñado de las ciudades, y todo ello desencadenaría en la pronta partida de su pueblo.

Paralelamente a su afición por el cine, comenzó a leer las revistas de moda que encargaban sus hermanas y a coleccionar los cromos de cine envueltos en los chocolates Matías Pérez que le traía su autoritario padre. Casi siempre eran catálogos de El Corte Inglés, la tienda de variedades más grande de España, de donde encargaría también sus primeros libros, en general *best sellers* de los primeros años sesenta: *El abogado del diablo*, de Lahos Zilahy; *Sinuhé el egipcio*, de Mika Waltari; libros de Morris West; *El lobo estepario*, de Hermann Hesse, "y el famoso *Buenos días, tristeza*, que me hizo gritar".

Su madre y sus hermanas le descubrían objetos y vestidos de mujeres que lo fascinaban. Con su padre apenas hablaba. Su relación se basaba en intercambiar saludos, acatar órdenes o desobedecerlas en secreto. Con Agustín, su hermano, conversaba camino al río, donde se bañaban soñando en irse pronto de allí. Pedro le contaba los argumentos de aquellas lecturas que hablaban sobre la soledad, el aburrimiento de crecer; la adolescencia como un estadio incomprensible. A los catorce años, desarrollado físicamente por la vida silvestre, comprendió que su vida estaba muy lejos de todo el mundo provinciano que lo rodeaba: ni la iglesia, ni los curas, ni su padre detendrían el sueño de irse a vivir a la ciudad.

Así transcurrieron los ocho años del bachillerato. Sin concesiones, al cumplir los diecisiete años se enlistó en la milicia, aunque dice no recordar mucho de esa estancia. La verdad es que durante toda su vida protegerá su intimidad; sus relaciones no serán ventiladas en la prensa, su vida privada será guardada con celo y, además, intentará borrar de su memoria todo aquello que se le antoja inservible. Sus padres aceptaron a regañadientes la decisión de irse a Madrid y le compraron un apartamento. Su padre le insistió en que se quedara en Cáceres e hiciera una carrera administrativa y, si su decisión no tenía reversa, que estudiara una carrera distinta al cine, como medicina o derecho. Su partida, sin dilaciones, fue una segunda declaración de principios en contra de la ferviente creencia familiar de lo que sería su vocación. En aquella decisión se cifraría buena parte de su obra posterior: en los dos pueblos, en los primeros diecisiete años ocurridos en la desolación, las solitarias lecturas, los pocos amigos, la fraternidad con su hermano y el mundo de sus padres. Más que un hombre triste, el muchacho era un hombre solo que comenzaría a utilizar su propia vida, a pesar de sí mismo, como inspiración de allí en adelante.

## *Un cine caduco*

Para finales de los años cincuenta, la dictadura de Franco había impuesto un nuevo código de censura al cine español, lo que sumaba problemas a una industria que, en palabras del cineasta Juan Antonio Bardem, era "políticamente ineficaz, socialmente falsa, intelectualmente ínfima, estéticamente nula e industrialmente raquítica". El cine español había caído en el ostracismo tras la Guerra Civil, y muchos de sus principales realizadores debieron migrar so pena de ser apresados o desaparecer bajo el régimen de Franco. La producción entonces no era sino mera propaganda de un Estado que se autoproclamaba como monárquico y cuyos verdaderos intereses estaban muy lejos del arte.

Durante la década de 1950, muchos de los directores españoles se dedicaron a promover la beatería en el cine, como en el caso de *Día tras día*, de Antonio del Amo, o *La señorita de Fátima*, de Rafael Gil; al igual que las películas sobre la infancia —junto al mundo de los curas, como género mixto— al estilo de *Recluta con niño*, de Pedro Ramírez, o la misma *Marcelino, pan y vino*, de Ladislao Vajda. Además de ese cine complaciente, por la presión de un gobierno que necesitaba vender la imagen de una España abierta y diferente, se hicieron muchas películas de corte folclórico y chovinista, que sólo sirvieron para lanzar estrellas y divas de la canción, como Carmen Sevilla en *La hermana de san Sulpicio* (1952), Lola Flores en *La estrella de Sierra Morena* (1952) o Paquita Rico en *La moza del cántaro,* del mismo año.

A mediados de los años cincuenta, Franco aprovechó la fiebre producida por el macartismo en Estados Unidos para sumarse a la persecución y la condena del comunismo a través del cine. Así, aparecen *Embajadores en el infierno*, de José María Forqué, y *Suspenso en comunismo*, de Eduardo Manzanos. Era un cine maniqueo, en el que las fuerzas del bien siempre triunfaban. La segunda mitad de los años cincuenta estuvo dominada casi por entero por el cine de Forqué y del húngaro residente en España Ladislao Vajda. Los dos recorrieron casi todos los géneros, desde el folclórico o españolada, hasta la comedia de costumbres, pasando por la adaptación de algunos clásicos de la literatura. Aunque sus nombres hoy son importantes para la historia del cine español, sus películas apenas ofrecen frescos de una realidad apabullante para muchos otros cineastas que comenzaban a aparecer.

Guerra Civil: Una vez Franco subió al poder, se dio el enfrentamiento más sangriento de la reciente historia española. Durante tres años, las fuerzas de la Falange y el gobierno franquista persiguieron y exiliaron a buena parte de sus contendores del Partido Republicano, a los miembros del Partido Comunista y a los anarquistas.

Ese era el caso de nuevos realizadores independientes, congregados en torno a lo que se llamó el Nuevo Cine Español. Sus nombres, conocidos hoy en día, provenían de la Escuela Oficial de Cine, recién creada en los años cincuenta, tras el nombramiento de José María García Escudero al frente de la cinematografía nacional en 1962. Carlos Saura, Juan Antonio Bardem, Luis García Berlanga, Mario Camus, Manuel Summers, Antonio Eceiza y Vicente Aranda eran censurados la mayoría de veces, o encontraban dificultad para realizar los filmes tal como los habían concebido. Sus películas, las de Saura en particular, como *Llanto por un bandido*, de 1963, le dieron un nuevo aire a un cine caduco. Mario Camus, con dos obras destacadas y muy urbanas, y un estilo personal, se inauguró con *Los farsantes* (1963), historia de dos cómicos en decadencia que deambulan por la ciudad, y con *Young Sánchez* (1964), basada en un cuento de Ignacio Aldecoa, que era una representación del mundo del boxeo.

De todos modos, con las condiciones impuestas por la censura, que duraría hasta 1975, la situación era bastante difícil para cualquiera que se atreviera a pensar en realizar un cine distinto al que promovía el *statu quo*. Para empezar, los guiones debían ser leídos por los censores, de cuya aprobación dependía la autorización para los rodajes. Como si fuera poco, éstos mutilaban y doblaban las escenas "amorales" o los diálogos explícitos de las películas norteamericanas —siempre preponderantes en comparación con las españolas y del resto de Europa—, lo que ocasionó un vacío durante muchos años de escenas emocionales en las salas de cine españolas. No podían proyectarse escenas con alusiones al sexo, a la violencia y, menos aún, que tocaran el tema del anticlericalismo.

CARLOS SAURA: Huesca, 1932. Uno de los más personales directores de cine español. Estudió en la Escuela Nacional de Cine. Dentro de sus películas más conocidas están *Cría cuervos* y *Bodas de sangre*.

Aunque en 1961 la vuelta de Luis Buñuel extendió un ligero manto de esperanza sobre el cine español, poco a poco las ilusiones fueron derrotadas y el cine debió apelar a complejas elipsis o digresiones para poder mostrar la situación de una España encarcelada. Buñuel ya había sido consagrado como el director español más influyente después de la Guerra Civil y tenía encima una buena cantidad de películas lo suficientemente personales, agudas y críticas, realizadas en su mayoría en México, para ser considerado una autoridad. Llegó a Madrid para rodar *Viridiana* que, por una extraña "ineptitud" de los censores, fue elegida en 1961 para representar a España en el Festival Internacional de Cine de Cannes. Por invitación de Bardem y de algunos amigos que lo convencieron de regresar a pesar suyo, rodó la película en Madrid, concursó en la Costa Azul y ganó por unanimidad la Palma de Oro, el más importante premio al que aspire director alguno. El escándalo vino después. El periódico *L' Osservatore Romano* tildó a la cinta de blasfema, lo que desató en España una persecución que ensombreció nuevamente a los realizadores ya mencionados. Con el "escándalo Buñuel", las autoridades apretaron cada vez más a un gremio que producía en total unas 150 películas por año (entre 1962 y 1969). En ese estado de cosas, Pedro Almodóvar llegaba a Madrid con el sueño intacto de hacer cine.

## La educación sentimental

Pedro guardaba la ilusión de encontrar una ciudad como las que había visto en el cine o en los catálogos de El Corte Inglés. La primera sensación que le causó Madrid no fue muy buena: la imagen no correspondía a la de sus sueños. No era "el lugar donde se estrenaban antes las películas", admitiría años más tarde. De todos modos, ya había logrado convencer a sus padres diciéndoles que quería estudiar cine en la Escuela Oficial de Cine que, premonitoriamente, Franco clausuró en 1969 por considerarla un germen del comunismo.

Madrid era, pues, una ciudad cerrada, aunque por lo bajo comenzaban a fraguarse experiencias culturales que florecerían durante la década de los setenta. El cine agonizaba tras la despedida de García Escudero de la Escuela Nacional de Cine, y los realizadores, a pesar de que la producción era estable (105 películas para 1970), hacían esfuerzos para no sucumbir ante las absurdas exigencias de un gobierno cada vez más arcaico. Almodóvar era un joven de provincia, con un buen acervo de lecturas en su haber, algunas escenas memorables del cine en la cabeza, además de la convicción de que lo único que no se permitiría en la vida sería vivir con la austeridad y el conservadurismo de las gentes de su región y de su propia familia.

A lo largo del trayecto desde Cáceres, se había convencido de que se comportaría como un consumado artista y escritor no bien pusiera un pie en la estación de buses de Madrid. Tal vez por ello años después inventó su propia fábula de esa llegada: se encontraba por error con una mujer que era una vieja gloria de la televisión y que le proponía contratar sus servicios sexuales. Aceptaba de mala gana, yendo a su casa y a punto de comerciar con su cuerpo, terminaba huyendo para dirigirse a una posada en la que pasaba la noche preguntándose qué diablos lo había traído a una ciudad donde no conocía a nadie. Al despertar, salía a la calle y le proponían un negocio de drogas: en sólo veinticuatro horas decidía que lo mejor era ir a buscar la casa de una tía en el barrio San Blas y así cumplir lo acordado con sus padres. El barrio en donde quedaba la casa se parecía más a su pueblo que a la gran ciudad ansiada. A sus tíos les decía que venía a estudiar mecanografía, para ingresar a un banco; a lo que su tío le respondía que entonces debía trabajar para pagarse los estudios. Encerrado durante varios días en casa de sus tíos, comenzaba a escribir remozando la tristeza producida por el choque con la realidad.

Luis Buñuel: Calanda de Teruel, 1900. El más importante director de cine español del siglo xx. Su obra se inició con la película *Un perro andaluz* (1929). Exiliado a partir de la Guerra Civil, vivió en Nueva York y México y realizó una treintena de películas entre las que destacan *El discreto encanto de la burguesía*, *Los olvidados* y *La edad de oro*. Falleció en 1983 en Ciudad de México.

La verdad fue que llegó como cualquier muchacho de provincia y se fue a dormir en el apartamento que sus padres le habían comprado. Más que estudiar cine, tenía una fuerte inclinación por contar historias. Desde que su madre lo emocionó con la lectura de cartas que hacía en el solar de Calzada de

Calatrava, él sabía que cualquier evento, por minúsculo que pareciera, podía convertirse en un relato. Además, se dedicó a leer frenéticamente. Descubrió el *boom* latinoamericano y en él, muchos de sus autores favoritos, desde Julio Cortázar hasta Gabriel García Márquez. Leyó a los autores prohibidos de la Generación del 27; a Genet, a Rimbaud y a muchos otros que jamás había oído nombrar en Cáceres.

Una vez instalado en Madrid, se dirigió hacia el lugar menos pensado. Consiguió un empleo como operario en la Compañía Telefónica Nacional de España (Telefónica), acaso la empresa emblemática española de telecomunicaciones hoy en día, pero para entonces el caldo de cultivo de una clase media frustrada y víctima de la rutina. A Almodóvar, que venía de un entorno puramente rural, aquello le pareció importante en la medida en que iba a poder conocer desde dentro la idiosincrasia de otra clase distinta a la suya, igual de apabullada, aunque por otros problemas. El empleo se convirtió, además, en un cierto alivio para su padre, quien había insistido una y otra vez en que se quedara en Cáceres, donde podría "hacer una buena carrera"... como cajero de banco.

Salía en las mañanas e iba hacia Telefónica por la M-30, una de las autopistas más populosas de la capital. Desde el primer momento lo impresionaron las colmenas habitacionales construidas por el dictador como símbolo del progreso. Series de edificios en los que vivía hacinado el proletariado; ciudades satélite o dormitorios en los que primaba el gris y que según el discurso oficial eran plausiblemente modernas: emblemas de concreto de un progreso pagado con el encierro de un país. Durante esos primeros años lo único que le interesaba de verdad era hacer de la vida una escuela. Es decir, apropiarse de la mayor cantidad de sensaciones a su alrededor para aprender de ellas.

Una vez solucionados los primeros escollos, particularmente el financiero, Almodóvar inició la que sería una etapa crucial en su educación sentimental que lo consolidaría años después como el más personal de los directores españoles de la última parte del siglo xx. En el mundo entero bullían los aires del mayo francés. Aunque no penetró a España de manera directa, dicha revolución estudiantil sí proporcionó elementos críticos a una nueva generación de españoles. Después de casi treinta años de encierro, el descontento comenzaba a hacerse general y palpable por la manera en que, a partir de 1970, muchos artistas y un verdadero mundo *underground* comenzaron a funcionar en España: dibujantes de cómics, teatreros independientes, diseñadores, superochistas, artistas de cabaré, prostitutas y demás personajes de la noche convivían y se volvían un manjar para un manchego acostumbrado a los atardeceres tristes y las noches silenciosas.

Además, Almodóvar comenzaba a disfrutar del anonimato que proporcionan las grandes ciudades. Allí podía aceptar su condición de homosexual, si bien aún no abiertamente, sí con mayor desparpajo que en los pequeños pueblos de los que procedía. Sus compañeros de Telefónica lo miraban con inquietud por su manera colorida de vestir, el pelo largo y su desenfado natural.

> Yo era el atípico, llevaba el pelo largo, era muy escandalosa mi presencia allí. Era como hacer una doble vida. Por la mañana el trabajo administrativo y por la tarde todo lo demás. Pero los años que pasé en Telefónica fueron para mí muy importantes porque me dieron una información de la clase media española que, de otro modo, no hubiera conocido nunca y eso está muy reflejado en mi cine. Yo tenía la experiencia de la clase baja y rural.

Pero así como conocería de primera mano la experiencia de lo rural y de lo urbano atravesado por la clase media, también en las noches entraría en contacto con personajes vinculados al mundo del teatro de Madrid. Su trabajo tenía la ventaja de dejarlo libre desde las tres de la tarde, hora en la que daba marcha a sus proyectos y encuentros. Con el advenimiento de la nueva década, muchos jóvenes pudieron viajar a ciudades donde, desde hacía años, se respiraban aires de libertad y contracultura. Almodóvar viajó a Londres, donde conoció el cine *pop*, el nacimiento del *new wave* y la sensibilidad *camp*. Londres era una ciudad desinhibida, en la cual se estaban gestando movimientos en contra del *hippismo*, como el mismo *new wave*, o el *punk* —que sólo afloraría de manera oficial en 1976 con los Sex Pistols—. La capital inglesa era, por decirlo de algún modo, un carnaval comparado con el clima austero y plomizo de una Madrid aún dormida. De Londres lo impresionó, sobre todo, el *glam rock*, que consistía en una serie de grupos de rock, cuya ambigüedad

MAYO DE 1968: Rebelión encabezada por el movimiento estudiantil francés, que proclamaba la independencia de la universidad del poder político. Sus consignas se volvieron emblema de la juventud del mundo.

sexual se ponía de manifiesto en la manera de travestirse para actuar. Pudo escuchar canciones de David Bowie, de los neoyorquinos New York Dolls; hombres maquillados como Marc Bolan o Alice Cooper; letras de velada homosexualidad como las de Lou Reed, o excéntricos naturales como Bryan Ferry, de Roxy Music. Londres fue el desencadenante que lo lanzó a informarse sobre lo que pasaba en el mundo.

Para la época de sus primeros años en Madrid, el *pop* ya llevaba casi una década de andadas. En Nueva York, Andy Warhol y su *Factory* eran la simbiosis perfecta en la cual se reunían personajes del arte, el mundo subterráneo, los homosexuales, los músicos y los *junkies*. Esa experiencia sería fundamental para Almodóvar y para el mundo clandestino del Madrid de los setenta, hasta el punto de que Pedro sería llamado el Warhol español. Era tal su magnetismo, que poco a poco muchos personajes pululaban a su alrededor. Aunque a él poco le interesaba parecerse a un artista cuyo ego estaba muy por encima de sus verdaderos dotes estéticos, sobre todo en aquella época de finales de los setenta y comienzos de los ochenta en los que Warhol se dedicó a recorrer Europa en busca de nobles ricos que quisieran comprar sus obras seriadas, sí le interesaban los presupuestos de un movimiento que elevaba lo trivial a objeto de arte. De hecho, sus primeras películas se servirían del *pop*, de su deliberado reciclaje de la publicidad para convertirla en la mirada de otro que carga los objetos de sentido, dotándolos de un aura que va desde lo sagrado hasta lo serial. Ello puede verse en sus primeros cortos, que después aparecieron en sus películas más conocidas, para los cuales realizó comerciales ficticios con productos usuales como un detergente o unas bragas, pero atravesándolas con un sentido de la ironía bastante fuerte: el detergente que se promueve en su película *Mujeres al borde de un ataque de nervios,* proviene de un corto bautizado *Blancor*, y en la película será Ecce Homo, una sustancia que sirve hasta para limpiar las manchas de sangre de una víctima que ha estropeado la ropa de su asesino, y Pepi, en *Pepi, Luci y Bom y otras chicas del montón*, su primer largometraje, promueve las bragas Ponte (del corto *Las ventajas de Ponte*), una ropa interior antiflatulencias que puede servir también como consolador sexual.

## *En súper 8*

Así como trabajaba y se alimentaba de las noches tremolantes, Almodóvar se puso al día en corrientes cinematográficas como el *western* o los filmes de género negro. Iba mucho a la Filmoteca de Madrid, donde, más que intentar comprender la técnica, se dejaba invadir por los argumentos y la manera narrativa en la que estaban contadas sus películas favoritas. Vio muchas y diversas cintas y de todas aprendió algo. Se sumergió en Hitchcock, en el cine de la Nueva Ola Francesa, se encandiló con Huston, admiró a García Berlanga y entronizó a divas de los melodramas de los años cincuenta como Giulietta Massina, Marilyn Monroe, Carole Lombard, Shirley McLaine y Katherine Hepburn, así como a directores estadounidenses como Douglas Sirk, George Cukor y Elia Kazan, además de acabar de consolidar su pasión por Fellini y Passolini.

Su obsesión por contar historias quedaría plasmada en la olvidada novela corta *Fuego en las entrañas,* en la que se relata una epidemia de "furores intrauterinos, propagado por unas compresas adulteradas"; la novela fue ilustrada por Mariscal, uno de los amigos de la noche, y tuvo un tiraje menor. En horas de oficina, escribía relatos cortos, como *La visita*, el embrión de su más reciente película, *La mala educación*. Le gustaban los escritores norteamericanos, como Truman Capote, cuyo libro *Música para camaleones* se le convertiría en credo. De esa lectura, aprendió que cuando alguien le otorga a uno un don, también le confiere un látigo. Pero los libros no eran fáciles de conseguir, por la vigilancia del régimen; así que sus viajes y los de sus amigos se convertían en cacerías de nuevas tendencias que iban siendo incorporadas con naturalidad.

ANDY WARHOL: Pittsburg, 1928. Nació Andrew Warhola pero por un error la revista *Glamour Magazine* omitió la *a* de su apellido y se quedó Andy Warhol. Hizo obras seriadas en plástica, algunas películas de cine y colaboró con el grupo The Velvet Underground. Murió en 1987, considerado como el padre del *pop art*.

Bajo la misma idea de conseguir sus sueños a pulso autodidacta, se hizo a una cámara de formato 8 mm, famosa durante la década de los sesenta en Estados Unidos como súper 8. Estas cámaras registraban la imagen, pero no el sonido, pues su banda magnética era muy delgada. Lo que no impediría que Almodóvar, con apenas dos años y medio en la ciudad, decidiera comenzar a contar historias valiéndose de este pequeño aparato.

> Si yo quería hacer cine, tenía que inventarme casi hasta los medios de distribución de las películas [...]. Yo las estrenaba en sitios, hacía fiestas [...]. No conseguía sonorizarlo porque era muy complicado. La banda magnética era ínfima, estrechísima [...] Recuerdo que —por eso me hice muy famoso en aquel momento en Madrid— proyectaba las películas y como no tenían sonido, me llevaba un casete y ponía música mientras personalmente hacía la voz de todos los personajes y cantaba y decía todos los diálogos".

Dio el salto al mundo de la realización de cortometrajes con varias películas que hoy en día son difíciles de conseguir y que guardan el aura de objetos de culto. Su primer corto se llamó *Film político* y tenía una duración de cuatro minutos. La rutina consistía en trabajar en el día y grabar en las noches y los fines de semana. Los gastos, por supuesto, eran pagados con sus ingresos. En ese mismo año, realizó *Dos putas o historia de un amor que termina en boda,* con una extensión mayor, esta vez de diez minutos. En general, eran películas que perseguían intereses narrativos antes que conceptuales —que era la moda entre muchos realizadores de dicho formato, como el movimiento Fluxus, liderado por Yoko Ono y toda una serie de realizadores afincados en Barcelona— y, por ello, era tildado de antimoderno. Almodóvar hacía poco caso a las críticas de estilo y se empeñaba en contar sus historias. Organizaba veladas en casa de sus amigos o en teatros menores de Madrid o Barcelona, y, apenas el carrete comenzaba a girar, él mismo iba reproduciendo los sonidos, los diálogos y la música en directo. Primitivo y visceral, como se lo conocería después, el hombre de apenas veintiséis años estaba decidido a no renunciar a su apuesta de hacer cine.

A estos dos cortometrajes, se fue sumando una experiencia más rica en cuanto a lo vital se refiere. Cada día Madrid ganaba más miembros de una fauna de artistas y músicos que tiempo después se conocerían como los fundadores o sobrevivientes de la "movida madrileña". La movida no era un movimiento. Era un estado de las cosas en el cual confluyeron diversos personajes en lugares de fiesta míticos como la sala Rock-Ola o los cines Alphaville que serían apoyo fundamental por aquellos días de sus nacientes películas. La gente de la Movida, iba del mercadillo de El Rastro a populosos barrios madrileños como Lavapiés. El *punk*, que ya se había anunciado en Londres y Nueva York, llegaba como estética que anunciaba, de manera inconsciente, la caída de cuarenta años de hegemonía de Francisco Franco. El primer grupo de *punk* español, Kaka de Luxe, conformado por Olvido Gara, después Alaska, y un puñado de muchachos que andaban de arriba abajo las calles de Madrid, sería crucial en la primera película de Pedro Almodóvar: *Pepi, Luci, Bom y otras chicas del montón*.

En 1975 grabó *El sueño o la estrella*, otro corto de diez minutos al que se sumarían *Homenaje*, *La caída de Sodoma* y *Blancor*. Eran pequeños argumentales de corte subterráneo en los que se mostraban ya las principales obsesiones de lo que sería su cine. No lo marginal, como se ha querido ver una y otra vez y por lo que Almodóvar siente poco respeto, sino una decidida reelaboración de motivos que iban desde la parodia de lo religioso, la estética *kitsch* y la figura del travesti. En ese estado de cosas, Almodóvar echaría mano de la sensibilidad *camp*, que pregonaba para la época un cierto reciclaje de las formas *kitsch* (lo que se pretende arte, pero jamás alcanza ese estatus por su fealdad y eclecticismo), atravesado por la ironía y la decidida recuperación de aquello considerado como desecho por la tradición cultural.

Inserto en estas tendencias, a las que se suma, claro está, la época *pop* como la cultura de la imagen por excelencia, Almodóvar realizaría trece cortos entre 1974 y 1978. En 1976, *Sea caritativo*, *Muerte en la carretera*; en 1977, *Las tres ventajas de Ponte*, *Sexo va, sexo viene*, *Complementos* (diversos materiales seudopublicitarios que se utilizaban en sus películas); y en 1978, *Salomé* y *Folle... Folle... Fólleme Tim!*

*El rey ha muerto: ¡que viva el desorden!*

En noviembre de 1975 la noticia de la muerte de Francisco Franco sacudió a una España sumida en la desesperanza de unos y la comodidad religiosa de muchos. Las celebraciones no se hicieron esperar. Seis meses después de enterrar al caudillo se hizo un referendo para convocar nuevas elecciones y resultó triunfadora la UCD (Unión Centro Demócrata) que desde entonces y hasta 1982 se hizo con el poder. Con todo, esta fue la opinión de Almodóvar: "Creo que lo que pasaba era que no había gobierno y la ciudad [Madrid] salió ganando". Y salió ganando porque la libertad se convirtió en exhibición, la noche en el territorio de la felicidad y las drogas, en la posibilidad de emancipación. Este fue el momento en el cual la Movida alcanzó sus mayores experimentos creativos.

España o, mejor, parte de la sociedad española, no fue fiel a aquella frase de matar el tigre y asustarse con la piel. En medio de esos años difíciles de la transición, se celebró como nunca antes la fiesta de la libertad. Almodóvar era un superochista conocido, aunque criticado. Se fundaron nuevos medios, como el hoy reconocido diario *El País*; el arte y el diseño alcanzaron otra vez su estatus y muchos de los exiliados volvieron a casa. En las calles había dibujantes como Mariscal y Ceesepe, fotógrafos como Gorka Dúo, pintores como Pérez-Mínguez, colgados —casi todos—, y un dúo de pintores gaditanos apodados las Costus en cuyo apartamento se fraguaron tertulias y proyectos de películas, libros, y, en fin, todo aquello que tuviera que ver con una declarada actitud contracultural.

Yoko Ono: Tokio, 1933. Conocida por ser la segunda esposa de John Lennon, la artista plástica japonesa participó en los movimientos culturales de los años 60 en Estados Unidos. Fue culpada de ser artífice de la separación del cuarteto de Liverpool, The Beatles.

El tema del *camp* volvió a hacerse importante en este punto; por lo tanto, fue una de las sensibilidades prohijadas por los defensores del homosexualismo en el mundo. Sin embargo, muy a su estilo y con un tremebundo humor, Almodóvar reciclaba las figuras del disfraz, del travesti, del hombre convertido en mujer, para dar puntadas sobre todo el acontecer de aquellas noches sin retorno. Seguidor de John Waters y admirador de David Bowie, Almodóvar se disfrazaba y preparaba las noches como si fueran verdaderos carnavales. Años después, ante la recurrencia con la que aparecían travestis y transexuales en sus películas, Almodóvar diría que, con la caída de Franco, habían aparecido travestis en todas las esquinas de Madrid, que además habían sido sus amigos y compañeros de entonces. Era un reto a una autoridad que había dejado de existir.

Por aquellos años Almodóvar comenzaría a viajar entre Madrid y Barcelona, ciudad en la que se asentaba un movimiento subterráneo de dibujantes, artistas plásticos, superochistas y, en general, una fauna con la que entró en contacto con la mayor naturalidad. Entre esa fauna estaba la revista de cómics *El Víbora*, para la que Almodóvar escribía guiones de historietas, que luego dibujaban los artistas de la revista, y en la que publicó una especie de fotonovela llamada *Erecciones generales*, fundamental en la concepción de su primer largometraje.

En 1977 Almodóvar vivía en la calle Doctor Esquerdo con la curadora Blanca Sánchez, que trabajaba en la galería Vandrés. Un día, Blanca lo llevó al apartamento de las Costus ubicado en el número 14 de la calle Las Palmas. Las Costus eran Juan Carrero y Enrique Naya, se habían puesto ese nombre debido a que su casa era como un costurero de señoras donde se hablaba mal de todo el mundo. Los primeros en llegar habían sido Fabio de Miguel, Tino Casal y Miguel Ángel Arenas; luego Alaska, Carlos Berlanga y Enrique Furia. A pesar de la reticencia de las Costus a que entrara gente fuera de la onda subterránea, Almodóvar fue bien recibido. Había sido presentado como un cineasta, y sus cortometrajes en súper 8 mm lo avalaban.

En la casa de Las Palmas, entraba y salía gente todo el día. Se hacían *happenings*, se pintaban cuadros o se amaba libremente. Los primeros meses después de conocerlos se hicieron *habitué* de jornadas que incluían comida y bebida, comentarios sobre las peores revistas de chismes como *Ad Lib*, *Pronto*, *Vale*, *Schss* y *Diez minutos*, mientras se desternillaban de la risa al ver por primera vez en muchos años las andanzas de Sarita Montiel, los yates de los famosos y toda esa galería de trivialidad. Con Fabio de Miguel, un artista plástico algo delirante, Almodóvar se hizo muy amigo desde entonces. No paraban de reírse mientras las Costus producían series pictóricas con nombres rocambolescos como el *Chochonismo ilustrado* y *El valle de los caídos*. La sexualidad era abierta y los compromisos no existían: el ambiente era de permanente desenfreno.

De la casa Costus salía para la sala de conciertos Rock-Ola con amigos como Paloma Chamorro, Blanca Sánchez, Herminio Molero, Guillermo Pérez Villata, Sigifrido Martín Begué, o Pablo Pérez-Mínguez. Era, eso decía, su universidad, el lugar donde aprendía de la desmesura de los personajes, de las nuevas bandas que visitaban Madrid, como Siouxie and the Banshees; donde pasaba noches con amantes de paso o inventaba relatos de todas las pelambres. Si la noche estaba mal en Rock-Ola, se montaban al auto de Sigifrido Martín Begué, pintor *pop*, en compañía de Carlos Berlanga y Fabio de Miguel, más la conquista de la noche, y se dedicaban a dar vueltas por Madrid o iban hasta el apartamento de Bernardo Bonezzi en la Torre de Madrid, desde donde podían ver una de las terrazas en las que se había rodado *Chinos y minifaldas*, una comedia mítica para el grupo, sólo por el título. Bonezzi era el único que tenía casa grande y, fuera de las Costus, el único que podía albergar a tanta gente. Además, tenía una cámara de video frente a la cual el grupo se dedicaba a improvisar historias. Tiempo después, Almodóvar recordaría esos videos diciendo: "Para mí, eran como apuntes de temas, chascarrillos y situaciones que después desarrollaría en mis guiones. También íbamos a casa de Pablo Pérez-Mínguez, que era un *plató* las veinticuatro. Siempre acabábamos haciéndonos fotos. Debe tener miles".

A pesar del deslumbramiento que producía la libertad, Almodóvar seguiría trabajando en Telefónica como auxiliar de telecomunicaciones, escribiendo sus obsesiones en un sótano de oficinas. Desde hacía un tiempo, había entrado en contacto con el grupo de teatro independiente Los Goliardos, donde sucedería el primer encuentro fundamental con una de las divas de sus primeras películas, la actriz de café concierto Carmen Maura.

David Bowie: Brixton, 1947. Uno de los íconos del *glam rock*. Publicó su primer disco en solitario en 1966 bajo el título de *Space Odity*. En 1972, y durante dieciocho meses, se convirtió en Ziggy Stardust, diva travestida y llegada del espacio con cuyo alias publicó dos elepés.

En 1978, Maura era una actriz consolidada en el mundo del teatro y había interpretado papeles importantes en obras como *Tigres de papel* y *¿Qué hace una chica como tú en un sitio como éste?*, ambas de Fernando Colomo; mientras que Pedro era el aprendiz de actor; algo así como el último en la escala de la compañía. Un día, sentados en su camerino, con aquella fiebre de Almodóvar por contar historias desde la infancia, éste le refirió la idea de la fotonovela publicada en *El*

*Víbora*, que pensaba realizar como un nuevo cortometraje. Maura quedó asombrada con el poder narrativo del manchego y, poco a poco, lo convenció de que aquella imagen podría ser su primer largometraje serio. A Almodóvar la idea lo obsesionaba, pero no estaba apurado: sabía que así como la paciencia lo había llevado un día de Cáceres, desde aquella tierra de nadie, hasta Madrid, y de las oficinas grises de una empresa de teléfonos a los mundos y mundillos artísticos de esa ciudad, también sabía que el día de su primer largo llegaría sin esperarlo. Y así sucedió.

> Carmen ya estaba fascinada por mí y yo pasaba mucho tiempo en su camerino viéndola peinarse, que es una ceremonia que siempre me ha gustado en las actrices. Mientras ella se peinaba y se maquillaba, le contaba historias, porque yo coescribía mucho en aquella época. Le conté la historia de *Erecciones generales*. A ella le encantó y me dijo que tenía que hacer una película. La historia de la fotonovela me divertía mucho, la convertí en guión y quería hacerla en súper 8. El guión se llamaba *Pepi, Luci, Bom y otras chicas del montón*, era la génesis de la película. Entre Carmen y otros amigos de Los Goliardos decidieron que, como había trabajado tanto tiempo en súper 8, debía dar un paso adelante y hacer la próxima película en dieciséis milímetros. Carmen decidió buscar el dinero con Félix Rotaeta [...] llamaron a cantidad de amigos que dieron de cinco mil a veinte mil pesetas cada uno. Consiguieron medio millón de pesetas.

## Mi nombre es Olvido

Almodóvar le hizo caso a Maura y escribió *Erecciones generales* como un guión. Llegó emocionado a la casa Costus con la idea, aunque no sabía muy bien quién iba a actuar en ella. Guillermo Pérez Villata le había dicho que una muchacha apodada Alaska era perfecta para el papel de Bom, pues ya venía con vestuario incluido. Olvido Gara era una chiquilla de quince años nacida en México que, después de llegar a Madrid en 1973, se había convertido en una suerte de icono *punkie* de Madrid y, además, era la protegida de la pareja gay. Al leer el guión que éste les dejó para que se lo mostraran, las dos se alarmaron: "¿Y esto qué es? ¿Y esto es una película? ¡Pues tú no la haces niña! ¿Qué se habrá creído esa *jipitrusca*?", contó Alaska que le dijeron.

Para Almodóvar la pregunta era otra: ¿cómo empezar? El argumento estaba claro. Llevaba diez años dándole vueltas a sus obsesiones en la cabeza, pero el momento que vivía España, en especial Madrid, con la movida en plena explosión, le impuso contar una historia que ocurría en su tiempo actual. De todos modos, los cortometrajes le habían servido para hacer estudios de personajes, encuadres y parodias de productos publicitarios como guiños a los espectadores, estableciendo un tipo de cine mucho menos conceptual, pero igualmente moderno. Sabía que en este imperfecto y emblemático ejercicio debían aparecer los motivos fundamentales de la Movida. Y entendía que iba a ser una película algo juvenil donde, desde diversos ángulos, aparecerían los temas que le interesaban desde la infancia.

*Pepi, Luci, Bom y otras chicas del montón* es la película más barata que ha rodado Pedro Almodóvar y la más demorada en tiempo de realización. El rodaje comenzó en 1979 y terminó en 1980; su costo total fue de 35.000 euros aproximadamente. La manera de trabajar fue la misma que utilizó en sus cortos: seguía como empleado en Telefónica y grababa los fines de semana y en las noches, sin preocuparse aún por la financiación del montaje de la película.

Protagonizada por Carmen Maura, en el papel de Pepi; por Félix Rotaeta, el versátil y bien conectado actor del mismo grupo, quien ayudó a conseguir los recursos de financiación, en el papel del policía; por Alaska, en el papel de Bom; por Eva Siva (que en verdad se llamaba Mercedes Guillamón, pero prefirió camuflarse para no dar un disgusto a su padre, que era diplomático), como Luci; Kiti Manver, como una cantante de flamenco rock; Julieta Serrano, como una actriz, y Fabio de Miguel, o MacNamara —como se le llamó desde entonces—, en el papel del travesti Roxy. En palabras de José Luis Gallero, cronista de la época, el filme demostraba cómo una ciudad "caduca se había convertido en pocos años en el máximo emblema de la modernidad".

La estética la tomó prestada de los decorados de la Movida. Por ello, se le ocurrió crear una serie de personajes bastante tópicos —la chica moderna, el policía malo— y una manera narrativa muy cercana al cómic con el que estaba familiarizado. Los cuadros eran situaciones delimitadas por el campo de la cámara, y su lenguaje proclive a la grosería era consecuente con su inspiración *punk*. Influido por una serie de directores del *underground* estadounidense como Paul Morrisey (*Flesh*, 1968, *Trash*, 1970, *Heat*, 1972, *Women in Revolt*, 1972) y la películas *Pink Flamingos* y *Female Trouble,* de John Waters —quien entronizó a Divine, un fofo travesti de los años sesenta—, el mismo Almodóvar comentaría que se planteó el asunto de la imperfección de muchos planos y, a veces, los saltos desordenados de tiempo —en ocasiones se ve en el plano media cabeza del director— como "un ejercicio de estilo del que siempre me he sentido muy próximo, que es el *pop*. En este caso se trataba del *pop* que se hacía a finales de los setenta, duro y corrosivo" (Strauss: 26).

Un *pop* tan corrosivo como el del director que se acercaba a los treinta años y que llevaba el pelo desordenado, un bigote lindante con el de Pancho Villa y camisas de colores adornadas con dibujos extraños, acaso malas imitaciones de Miró. Era un tipo bastante social, nocturno, afable, y muchos coinciden en que, a pesar de que su ánimo haya cambiado con la madurez, era y sigue siendo generoso a manos llenas. El argumento de la película era el de tres mujeres que, por diversas circunstancias, se encontraban en la vida, en medio de aquel

Movida madrileña: Fue la manera de nombrar la nueva ola de liberalización y apertura de la juventud que experimentó la sociedad española después de cuarenta años de dictadura de Francisco Franco. Desde 1977 y hasta 1985, se realizaron fiestas, nacieron grupos, cineastas y nuevas corrientes literarias que convirtieron a Madrid en una ciudad abierta.

desordenado clima de finales de los setenta. Cada una, a su manera, representaba una parte de esa España que renacía de las cenizas. De un lado estaba Pepi, una mujer progresista y burguesa, violada por un policía, de quien decide vengarse a sangre y fuego, tras años de cuidar su virginidad. Enfurecida, Pepi consigue una banda de amigos para darle una paliza. Los amigos se equivocan de sujeto y dejan en mal estado al hermano gemelo de éste. Frustrada por el equívoco, Pepi busca hacerse amiga de la dócil mujer del policía, Luci, y, al conseguirlo, se la presenta a su amiga Bom, una chica *punk*, para que la enamore y la aleje del policía. En efecto, al conocerse, Luci y Bom quedan perdidamente enamoradas y viven un desenfrenado amor visto a través de la noche madrileña. Con la mayor naturalidad del mundo, Almodóvar se servía de una mujer de clase media, que se convertía en una masoquista; la relacionaba con una chica rebelde que representaba a esa nueva España después de Franco; y hacía que ella misma se planteara luchar contra el machismo de su marido. El lesbianismo era tratado con llaneza, a pesar de que era un tema que, en general, la sociedad española no había digerido todavía, y las dos mujeres se hacían inseparables.

Pepi, en el entretanto, es presentada como una mujer *pop* y moderna a la que su padre le corta los ingresos y que de la noche a la mañana se ve abocada a ganarse la vida por sí misma. Por ello, funda una agencia de publicidad que promueve bragas que sirven tanto para contener los gases como para autosatisfacer el deseo sexual; y muñecas que menstrúan y sudan. A su vez, escribe un guión para una película sobre el amor de Luci y Bom, haciendo toda una teoría de lo que para ella es el cine.

Luci vive su momento de libertad total al alejarse de un marido que representa el fascismo en la película, que se reconoce como un hombre para quien la democracia es "un jodido invento", y a quien la libertad de las mujeres "le hincha los huevos". Consulta a sus compañeros sobre cómo hacer legalmente para obligar a su mujer a volver a casa, tras su escapada con Bom. Ante la imposibilidad de hacer algo a través de la ley, el marido policía decide atrapar por la fuerza a su mujer, secuestrándola y propinándole una paliza que la deja en el hospital. Ella, herida y vendada, le confiesa a Bom que ha decidido regresar con él para soportar "toda una vida de malos tratos", de acuerdo con su credo masoquista.

Triste por la pérdida de Luci, Bom regresa adonde Pepi para contarle que se siente perdida en el mundo. Un final que también significa el término de su época *pop*, y la entrada en la adultez del sufrimiento y las penas, por lo que decide convertirse en cantante de boleros.

El crítico de cine Alejandro Yarza sostiene que la génesis de Almodóvar constituye una verdadera declaración de principios acerca de lo que significa hacer cine.

> En el momento de la diéresis, Pepi decide hacer un vídeo de la vida de Luci y Bom y les da instrucciones a ambas de cómo tienen que comportarse ante la cámara, que, precisamente, remarca la naturaleza artificial del cine:

PEPI: No sólo tenéis que ser vosotras mismas, sino que tenéis que representar vuestros propios personajes y la representación es siempre algo artificial.

LUCI: Yo eso no lo entiendo.

PEPI: Tú te comes un moco como te comes un pedazo de pan.

LUCI: Yo soy así.

PEPI: Claro, esa es la vida, pero el cine no tiene nada que ver con la vida. En el cine todo es falso. (Yanza)

## *After hours*

Mientras la película iba cobrando vida, Almodóvar escribía en la Telefónica el guión de su segunda película, *Laberinto de pasiones*. Los días se le iban como operario, contestando teléfonos y escribiendo en un sótano, gélido en invierno e infernal en verano. El rodaje de *Pepi, Luci, Bom y otras chicas del montón* se prolongaba y el dinero comenzaba a escasear. Por ello, cuando se vio sin posibilidad de financiar el final del rodaje y cuando los asuetos sin sueldo se habían acabado, pensó en terminar la película saliendo él mismo como un maestro de ceremonias que explica qué suerte corrieron los personajes.

Salvo Maura, sus amigos creían que la película no tenía ninguna posibilidad de acierto. A todos los había involucrado en la cooperativa en la que se había convertido el rodaje. Grababa escenas en casa del Doctor Esquerdo, en casa Costus, en el salón de actos del Ateneo de Mantuano, lugar de ensayo de los Pegamoides y otras bandas y en cada una de ellas aparecían sus amigos y hasta él mismo. Alaska aparecía por primera vez actuando como cantante en el cine, ataviada con una peluca pelirroja, en plan *punk*, y a su lado el actor Carlos Tristancho, vestido como metalero, ante lo que amigos, como el músico Nacho Canut, opinaban: "Ya podían haberle elegido un modelo que fuese como el resto del grupo, porque los demás iban como *punks*". Manolo Campoamor, presente también en el rodaje, recuerda que Pedro parecía un *revival hippie*, con el pelo negro y largo, siempre gracioso, con ocurrencias divertidas, que los hacían partir de la risa, a pesar del fracaso con que todos veían la película. Él y Fabio McNamara se dedicaban a hacer chistes, a hilar situaciones disparatadas y el rodaje se convertía en fiesta hasta el amanecer. Para cada escena se les ocurrían nuevos disparates. Así, el grupo de Bom, los Bomitoni, cantaron en su aparición en la cinta *Murciana* una canción con letra de Almodóvar que decía: "Te quiero porque eres sucia, / guarra, puta y hortera, / la más obscena de Murcia, / y a mi disposición entera. / ¡Sólo pienso en ti, / murciana!/ Porque eres / una marrana".

A pesar de que la solución de aparecer él como maestro de ceremonias para acabar la película sonaba a disparate para cualquiera, Almodóvar tenía claro que debía terminarla pronto. Y también consciente de que el cine estaba hecho de una materia distinta a la de la vida. Allí donde la existencia era una concatenación de eventos muchas veces aburridos y sin sentido, el cine siempre podría valerse del artificio, de la magia de los decorados, de las elipsis narrativas, del hiperrealismo y de los saltos en el tiempo, e incluso de un narrador que cerrara la película, pues el cine, y eso lo había comprendido mucho antes cuando se encandelilló con las luces del proyector en Cáceres y en la Filmoteca de Madrid, no era la representación naturalista de la vida.

Dicha solución nunca se tomó, pues, por fortuna, el productor Pepón Corominas aportó nuevos recursos para que los espectadores pudieran ver cómo Luci vuelve al mundo encerrado y masoquista de la vida junto a su esposo policía, y cómo Pepi y Bom, tomadas de la mano sobre un puente peatonal de la M-30, se quedan sentadas, mientras suena *Estaba escrito*, el primer bolero de sus películas, interpretado por Mona Bell.

> Y para mí, este era un poco el final de estas dos mujeres, de *Pepi, Luci, Bom y otras chicas del montón*, y también un poco el triunfo de los sentimientos sobre lo moderno: a Bom, que es una cantante moderna madrileña, de pronto, como ha empezado a sufrir, el sufrimiento la va a llevar a nuevos géneros como es el bolero. El bolero es la canción sentimental por excelencia, pero nunca está de moda. (Strauss)

El 13 de junio de 1980 la película estuvo montada y lista para el estreno. La fecha coincidía con el aniversario de Alaska y por el doble motivo se hizo una fiesta en casa de las Costus. Allí se reunieron todos los amigos que habían participado en *Pepi, Luci y Bom*. Carmen Maura, que provenía de otro medio, estaba alucinada con toda aquella gente que hacía lo que se le daba la gana, donde nadie juzgaba nada, todo el mundo hacía cosas que a nadie le extrañaban; un universo florecido en un extraño club que reunía personalidades que no encajaban en ninguna parte.

A deshoras, la película fue estrenada en los cines Alphaville de Madrid y su circulación fue menor en el circuito de las salas españolas. Muchos intelectuales vieron con saña el nuevo cine de Almodóvar. Fue criticado técnica y conceptualmente por muchos, que lo consideraron decididamente trivial, como si se tratara de un director que debía dar cuenta de una realidad que durante mucho tiempo sería evadida por él y por muchos otros directores, con la conciencia de que esa desmemoria sobre Franco y su dictadura era un camino mucho más expedito para reconfigurar un país. *Pepi, Luci y Bom* se presentó durante muchos años en esa sala mítica que produciría su siguiente película y, con reservas, algunos espectadores la aceptaron. En ella veían a un cineasta intransigente, que prodigaba una moral distinta, que aceptaba la diversidad como única bandera. Un tipo que no temía decir que la familia y las relaciones se construían y no se obligaban. Por ello, cuando le preguntaban por el destino de Luci tras su regreso al seno de la represión del policía, él contestaba:

> Primeramente, lo que se entiende por normalidad está lleno de perversiones y Luci encuentra muchas más perversiones dentro de la regularidad que en el mundo de la noche y de lo moderno. Ella vuelve a su casa un poco decepcionada porque la gran aventura está dentro de su casa y no fuera. Y ya en ese personaje empiezo a hablar un poco de las dificultades o de las peculiaridades de la vida en pareja. Cada pareja es distinta. (Strauss)

Pero no sólo el argumento fue una declaración de principios. Desde entonces Almodóvar fue consciente de que no le interesaba hacer cine a cualquier precio. Su apuesta era convertirse en un autor lo suficientemente personal para que sus películas dieran cuenta de su mirada y de su propia vida. Como lo había hecho con los cortos en súper 8, se empeñó en controlar todos los ámbitos de la película. Desde la música, hasta el diseño de los carteles y los créditos diseñados por dibujantes amigos como Ceesepe e Iván Zulueta, pasando por ambientes decorados por las Costus, debían ser obras realizadas especialmente para la historia y, por lo mismo, tendrían que guardar unidad. Desde entonces comenzaría una relación con su montador, José Salcedo, y con algunos músicos como Bernardo Bonezzi.

Cuando se le preguntaba a Almodóvar cómo hacía para seguir trabajando en Telefónica y escribiendo y dirigiendo cine, él contestaba con desparpajo: "Duermo poco y tomo drogas". Las drogas eran esos otros motivos recurrentes en sus películas, de los que se servía para poner en el centro de su lente y su poética aquello que la gente tradicional no quería consentir: que existen, que estimulan, que son una realidad en todos los estratos de la sociedad.

Aunque la estructura de su primera película encaja dentro del género de la comedia, en que todo ocurre por una serie de casualidades, identidades cruzadas y estereotipos, lo interesante es la distancia crítica que Almodóvar comenzaba a tomar respecto a los objetos de culto. Allí donde aparecía el *punk* o el *pop* él estaba listo, de alguna manera, para poner en cuestión la propia ideología a la que se debía. Por ejemplo, el personaje de Maura, Pepi, quiere grabar un diario sobre sus propias amigas, alejándose de los preceptos del *cinéma verité*, que proponía un naturalismo a ultranza en el cine. Con una vuelta de tuerca, ese personaje, y el propio Almodóvar, confiesan que lo que les interesa del cine es el artificio. Ése, entre muchos otros, sería el tema de su segunda película, *Laberinto de pasiones.*

## *Una comedia disparatada*

Si bien es cierto que los últimos dos años de la década de los setenta habían sido los de mayor auge de la Movida madrileña, es en 1981 cuando el mundo entero la conoce y la convierte en emblema de la nueva política española. Así, muchos reconocen que el momento de publicidad extremo de Madrid estuvo entre 1981 y 1985. En 1982 subiría al poder el Partido Socialista Obrero Español (PSOE), prometiendo un cambio, que así como rindió frutos también produjo un desgaste tras catorce años de mandato ininterrumpido de Felipe González.

Por aquella época, Pedro Almodóvar se debatía aún por cómo financiar su nueva película, que había decidido titular *Laberinto de pasiones*. *Laberinto* porque esa era de alguna manera la metáfora perfecta para hablar de una realidad que estaba atrapada en los corredores de la liberalización, del deseo exacerbado, de las drogas y del arte. Madrid bullía de gentes interesadas en promover su trabajo, y turistas deseosos de experimentar las largas noches de la marcha, que consistían en ir de lugar en lugar, hasta que amaneciera. Allí estaba todo el mundo: desde las nacientes agrupaciones que rodaban por la radio de la Movida, Onda Dos, que prometía emitir cualquier maqueta realizada por los nuevos grupos, hasta los periodistas de medios independientes, como el *Diario 16* o la revista *La Luna de Madrid*. Por Onda Dos pasaron todos los grupos españoles de la época, como Los Pegamoides, el *punk* visceral y divertido de Parálisis Permanente y los aires más *pop* o *new wave* de la naciente Radio Futura. De repente, se creaban nuevos sellos discográficos, como Grabaciones Accidentales (GASA) o Discos Radiactivos Organizados (DRO); nacían clubes como Carolina, Marquee, El Jardín, El Sol y el Escalón, que programaban continuamente bandas locales; y la sala Rock-Ola traía más y mejores artistas extranjeros, como los Rolling Stones. El destino de todo un país se descargaba sobre un universo juvenil, y todo aquello que se había vivido con transiciones en otros países europeos confluía en un mismo lugar, en un mismo momento.

A pesar de que casi todo el grupo de amigos de Almodóvar era despreciado por personajes de la llamada alta cultura, la inauguración de la exposición de las Costus en 1981, bajo el título de *El chochonismo ilustrado*, hizo que poco a poco los marginales comenzaran a ser interesantes para los medios de comunicación y la farándula local. Blanca Sánchez le había descubierto a su jefe, Fernando Vijande, la casa de las Costus. Vijande era un rico aristócrata catalán, dueño de la galería Vandrés en la que Sánchez trabajaba desde 1975. Sin embargo, una disputa con su socio hizo que la galería se cerrara y Vijande decidió inaugurar su nuevo espacio con la mencionada exposición. Los cuadros de las Costus eran el reflejo del mundo creativo que se había producido en la casa de la calle Las Palmas, apodada "la casa convento". La muestra incluía dibujos, fotos y textos de Alaska, Berlanga, Almodóvar, Tesa Arranz, Fabio de Miguel y Pablo Pérez-Mínguez. La exposición causó gran revuelo, Blanca Sánchez recuerda:

> La inauguración de la Vijande supuso esa aceptación por parte de quienes nos negaban, algo también que se hacía extensible a Pedro, de cuyo talento hoy nadie duda; entonces había un grupo minoritario que lo consideraba artista; el resto lo ponía a parir. Era de una creatividad absoluta, pero no se lo entendía.

En alguna de las fiestas de esos días, a Almodóvar le propusieron escribir una columna de opinión en la revista *La Luna de Madrid*, acaso el medio más independiente de aquellos años. Tenía libertad para elegir el tema del que quisiera hablar. La columna nació tiempo después y recogía, a manera de relatos cortos, las aventuras de Patty Diphusa, estrella *sex symbol* internacional y actriz de porno, suerte de álter ego de Almodóvar. Patty era una rara mezcla de ingenuidad y modernidad. Para escribir sus memorias se inspiró en las noches de la Rock-Ola junto a sus amigos, donde, además de cantar, hablar y drogarse, había muchas mujeres liberadas que iban en contra de la moralidad y las buenas costumbres. A Patty la violaban una noche en los alrededores de la Casa de Campo y, en lugar de llorar o denunciar el crimen, se levantaba y tomaba un taxi para irse a casa algo ofuscada por la corta duración de los coitos. En el taxi, se enamoraba del conductor, que la llevaba a dar un paseo por las plazas de abasto y terminaba en su casa buscando una vez más la noche. Patty vivía a su aire como muchos de los integrantes de esa caterva de artistas congregados en torno a la noche madrileña, y su historia se publicó con interrupciones hasta que comenzó el rodaje de *Laberinto de pasiones*.

Unos meses antes de comenzar el rodaje de esta película, Almodóvar había viajado a Londres con Blanca Sánchez, compañera de apartamento, y Bernardo Bonezzi, encargado de la música. Pedro quiso aprovechar el viaje para buscar el vestuario. Durante todo el tiempo en que visitó almacenes de segunda mano, no paró de decir que todo le parecía una gran ganga. Aún sin saberlo, estaba componiendo la primera canción de un dúo que nacería unos meses después junto a Fabio McNamara.

Al volver de Londres el asunto era cómo financiar su película, escrita para el cine, con la conciencia más enfocada en lo que ello significaba, buscando encuadres y puliendo el estilo narrativo. Los cines Alphaville jamás habían producido una película. Pero ante la rotación ininterrumpida de *Pepi, Luci y Bom* y el entusiasmo mostrado por la gente de la Movida, decidieron apoyarlo, esta vez con más holgura que en su primer cooperativista film. El rodaje comenzó en febrero de 1982 y las locaciones, los personajes, la música y la película entera giraban alrededor de la Movida. Las Costus habían decidido dejar la casa de Las Palmas, debido al poco espacio que tenían para producir una serie pictórica de gran formato llamada *El valle de los caídos*. El pintor Pablo Pérez-Mínguez los invitó para que se instalaran en su caserón de la calle Montesquinza. El lugar se convirtió con presteza en el nuevo núcleo de reunión del grupo y en esa casa comenzó el rodaje.

The Rolling Stones: Quizás el grupo de rock n' roll más famoso del mundo y paralelo a los consagrados Beatles. En 1960, Keith Richards y Mick Jagger se reúnen y hacen un primer grupo que, para 1962, en compañía de Brian Jones, bautizan como The Rolling Stones inspirado en una canción del *blues man* Muddy Waters. Después se incorporan Charlie Watts e Ian Stewart. En 1964 sale su primer álbum.

*Laberinto de pasiones* se planteó desde el principio como una comedia en sentido estricto. En ella aparecían músicos convertidos en actores, como Santiago Auserón y Javier Furia, habitaciones decoradas por Guillermo Pérez Villalta, fotos de Ouka Lele, trajes diseñados por Carlos Berlanga, apariciones de musas como May y de locutores de radio como Paco Pérez Bryan, del programa *El búho*, entre muchos otros personajes y amigos de la Movida. La película fue protagonizada por Cecilia Roth, una debutante actriz y emigrante argentina que había aparecido en un papel menor en *Pepi, Luci y Bom*, compañera del fotógrafo Gorka Dúo y hermana de Ariel Roth, los tres, habituales de la pandilla. Ella interpretaba el papel de Sexilia, una desorientada chica moderna en busca de su sexualidad en aquellos desaforados años. Además estaban Imanol Arias, actor y amigo de Almodóvar en el papel de Riza Niro; Antonio Banderas, recién llegado de Málaga, quien se había deslumbrado con el ambiente de la casa de Montesquinza, y Marta Fernández Muro, como Queti.

La que sería la primera escena de la película se rodó en el más emblemático de los lugares madrileños de los "modernos", el mercado de pulgas de El Rastro. Todo el mundo parecía ir a ese lugar en busca de lo viejo y lo inservible, para reubicarlo en la época contemporánea. Era el lugar de reciclaje, pero también de encuentro; allí se ligaba, se trababan amistades y se pasaban los domingos de resaca.

La historia de *Laberinto* se inicia con Sexilia caminando por El Rastro, en busca de un *affaire* sexual. Sexi es ninfómana y cantante de rock, además de ser hija de un médico. Riza, interpretado por Imanol Arias, es el hijo del Sha de Tirán, que se encuentra en Madrid de incógnito con la intención de aclarar sus apetencias sexuales. La primera secuencia de la película los muestra a los dos, mientras se intercalan primerísimos planos de los sexos de las posibles presas. Por su parte, Toraya, la madrastra de Riza, se encuentra también en Madrid haciéndose un tratamiento de fertilidad con un prominente médico, que no es otro que el padre de Sexilia.

Todas esas casualidades harán de la segunda película de Almodóvar una profundización en todos los sentidos de su primer largometraje. Riza va a un concierto de *punk* y, de un momento a otro, debe reemplazar al cantante del grupo que ha sufrido un accidente. Una vez que está subido sobre el escenario se convierte en blanco de las miradas de Sexi, quien se encuentra entre los asistentes y se enamora perdidamente de él. Mientras tanto, Queti, interpretada por Marta Fernández-Muro, sufre los ataques sexuales de su padre, quien la confunde con su mujer. Queti trabaja en una lavandería donde Sexi lava su ropa y a quien convierte en su ideal. Queti se disfraza con sus ropas hasta que la ninfómana se da cuenta. Ambas se cuentan sus males: Queti es abusada y Sexi no puede dejar de pensar en Riza. Cuando al fin Riza y Sexi se encuentran, ella termina siendo la cura para la confundida sexualidad de Riza y éste para la ninfomanía de Sexi. Aprovechando su amistad con Queti, Sexi urde un plan que consiste en cambiar de identidades con Queti para que ella escape de los abusos de su padre y Sexi pueda desaparecer con su amante árabe. Sin embargo, Toraya, la madrastra de Riza, lo encuentra y lo seduce y Sexi entra en una profunda desilusión tras las constantes aclaraciones del *tiraní* que insiste en que el sexo con otras mujeres no le interesa. En el entretanto, Queti se somete a una cirugía plástica para parecerse a Sexi, y la convence de que le dé una nueva oportunidad a Riza. Así sucede, aunque Riza ha sido descubierto por Sádec (Antonio Banderas), un terrorista *tiraní* y debe irse del país. Al final ambos consuman su amor desenfrenado a bordo de un avión.

Aunque los argumentos de Almodóvar parecían traídos de los cabellos, no cabía duda de que su destreza narrativa iba en ascenso. Su logro en *Laberinto de pasiones* fue sumar toda la experiencia previa, realizando un filme que era consecuencia de sus diez años de trabajo independiente. Aunque no se preocupaba mucho por la técnica, cada vez mejoraba. Las escenas seguían respondiendo a una estética *pop* al estilo Waters, y su película, así no fuera esa la intención, fue llamada la "radiografía de la Movida". Comenzaba a pensar mucho más en el montaje, en los enfoques, en la utilización del fondo de campo y, en general, en la apropiación de un lenguaje audiovisual personal. Almodóvar se daba cuenta también de que lo que garantizaría un reconocimiento cada vez mayor era concentrarse en Madrid como inspiración.

> La película representa un género que a mí me gusta mucho, el de la comedia delirante, de la que me siento muy, muy próximo. Pienso, por ejemplo, en la película de Preston Sturges, *La vida fácil* (1937), la típica comedia disparatada que a mí me encanta. Cuando escribí el guión de *Laberinto de pasiones*, una de las motivaciones era demostrar que Madrid era la primera ciudad del universo, una ciudad donde todo ocurría y adonde todos venían. (Strauss)

En este mismo aparte Almodóvar confesaba que había pensado en incluir una escena en la cual se encontraban y se seducían Dalí y el Papa. La escena desapareció, pero antes que subvertir —que de una manera u otra lo hacía—, estaba mostrándose como un director capaz de creer, como aquellos primeros héroes de las películas de Hollywood del estilo de Cecil B. de Mille, que todo podía hacerse en el cine. En ese sentido, aunque se tratara de un argumento disparatado, los diálogos y las situaciones estaban planteados con tal convicción y verosimilitud, que cualquier espectador podía entrar en contacto con la mente del director. En *Laberinto de pasiones* aparecían ya los primeros atisbos de desarrollos posteriores. Las cantantes, las relaciones difíciles, el humor a ultranza —que con los años iría ganando en sutileza—, el melodrama tratado de manera seria y consciente, las imágenes *pop* y un sinnúmero de experiencias y estéticas que él mismo llamaría "eclecticismo radical". Almodóvar terminó el rodaje en octubre de ese año. Cansado por la intensidad de sus jornadas renunció a su empleo en Telefónica. La decisión fue tomada tras constatar que era capaz de asumir y sostener sus propios riesgos.

Su vocación de cineasta comenzaba a notarse cada vez con más fuerza al utilizar cierta autorreferencialidad en su cine: le gustaba aparecer en sus películas, le interesaba que el espectador se diera cuenta de que detrás de las historias delirantes estaba un director que, pesar a todo, se tomaba en serio. Fabio McNamara y Almodóvar estaban presentes en *Laberinto* en una escena en la que cantaban juntos. Se divirtieron tanto que pensaron inmediatamente en crear un dúo de *morro* rock. El dúo cantaba dos canciones en la película: *Suck it to Me* y *Gran ganga*. Sus letras eran divertimentos alrededor de las drogas, el sexo o la religión. Lo de hacer un dúo, dijo alguna vez McNamara, era aprovechar el hecho de tener alrededor una buena cantidad de amigos músicos y mucho tiempo por delante. Se reunían en cualquier bar de esquina, pedían una ración de patatas bravas y componían cosas como: "Vivo en continua / temporada de rebajas / sexo, lujo y paranoia. / Ese ha sido mi destino. / ¿Quién soy yo? / y ¿adónde voy? /¿Quién es él? /y ¿adónde va? [...] Gran ganga, Gran ganga / soy de Teherán. / Gran ganga, Gran ganga / él es de Teherán".

*Laberinto* tuvo un costo total de treinta millones de pesetas. El 23 de septiembre fue estrenada en el Festival de cine de San Sebastián. La ciudad se convirtió en una réplica de las calles de Madrid durante algún tiempo. El mismo día del estreno, se presentaban Alaska y Los Pegamoides. Almodóvar llegó acompañado por el equipo de la película. La hoja informativa preparada para el evento, firmada por el manchego bajo el seudónimo de 'Lola Mento', decía que se trataba de una película parecida a *La luna*, de Bernardo Bertolucci. La película fue una vez más criticada por muchos de los teóricos del cine. Sin embargo, el termómetro del público la aceptó, por considerarla una comedia muy española, algo *guarra*, algo *guay*, muy en consonancia con los días que se vivían. A Almodóvar, sin embargo, le molestaba que lo tomaran de aquella manera tan literal. Estaba en desacuerdo con que su película se tomara sólo como una comedia cómoda, y no aceptaba las críticas que lo consideraban proclive a cierta trivialidad. "A veces pienso que la gente no la ha entendido, a pesar de ser un éxito de público, porque es muy divertida y muy inmediata. Pero no se ha entendido que es una parodia de las comedietas rosas sobre amores adolescentes. La gente la ha tomado en serio y ése ha sido un gran error".

Bernardo Bertolucci: Parma, 1931. Director de cine italiano. Comenzó su carrera como ayudante de dirección de Pier Paolo Passolini en la película *Accatone*. En 1962 dirigió su primera película, *La commare seca*. Se consagró como autor de culto con *El último tango en París*, en 1970. Ha dirigido producciones como *Novecento* (1976), *El último emperador* (1987) y *El cielo protector* (1990).

Esa distancia crítica y la insistencia en la utilización de motivos *pop* —Queti, por ejemplo es la típica mujer que se guía por las revistas del corazón o de moda y muchas de las secuencias de la película están apoyadas en ellas—, van a ser recurrentes. De allí en adelante, cada día insistirá más en llevar el melodrama —así como los guiones, los decorados, etc.— hacia una deliberada artificialidad. Meter al espectador en su poética se le convirtió en un reto, y no descansaría hasta conseguirlo. Por ello, quizá, su siguiente película se sumerge en el melodrama —sin abandonar nunca el humor— brindando nuevas formas de aproximación a los espectadores y a la crítica, y conjurando un diálogo pendiente entre un pasado sombrío y un presente que comenzaba a parecerse a la caída de Sodoma. Por ese camino nacería su tercera película, *Entre tinieblas*.

# Viejos fantasmas

En 1984, la clase política española se tomó definitivamente la Movida como bandera, aunque lo más interesante había ocurrido tiempo atrás. Ese año, Tierno Galván, el primer alcalde socialista electo popularmente, organizó la exposición *Madrid, Madrid, Madrid*. En la inauguración, apareció al lado de Fabio McNamara, el fiel compañero de Almodóvar, quien a voz en cuello gritaba: "Soy una asquerosa, soy una marrana por la mañana". En la exposición estaba hasta una planta de marihuana que desencadenaba la acción en *Pepi, Luci y Bom*. Esta muestra no sólo servía como puesta en escena de la nueva España, sino que se apropiaba de todo el movimiento *underground* de los años anteriores. Almodóvar participó en aquel evento, aunque no tan entusiasmado. No es que su emoción fuera poca al ver desterrado el franquismo —por lo menos en apariencia— de la sociedad, sino que había sido parte de un estado de cosas que comenzaba a llegar a su natural desgaste tras años de fiestas, rodajes, personajes, drogas y ruido.

Un año antes, Andy Warhol visitó Madrid para asistir a una exposición en homenaje suyo, llamada *Cuchillos, cruces y pistolas*. La exposición fue organizada por Fernando Vijande en su galería y estuvo precedida por una serie de eventos que transformarían la vida de Almodóvar y el mito de la Movida.

El empresario petrolero Hervé Hachuel, definitivo en la producción de *Entre tinieblas*, financió la operación. Warhol llegó con la "intención de acaparar encargos de retratos de ricos y famosos. Fiel a su filosofía, saludó a todo aquel que se le acercara, y le prestó mucha atención en relación proporcional con su fama o su cuenta corriente. Su visita fue un pequeño terremoto social cuyo impacto alcanzó de lleno a todo el viejo clan de casa Costus", aseguró Blanca Sánchez.

El estado de la movida en el que vivían Almodóvar y sus amigos le parecía una permanente-factoría-de-Warhol. Al leer las memorias de Edie Segwick, la gran musa de Warhol, se había dado cuenta de que "ciertos círculos de Madrid eran idénticos a ciertos círculos de Nueva York. Círculos viciosos y sin salida, se entiende". Todas las noches se hacían fiestas en honor del artista nacido en Pittsburg, hijo de emigrantes checos. Cada noche eran presentados una y otra vez los miembros de la pandilla de la movida a esa especie de dios, pero jamás los reconocía. Andy desarrolló en Madrid, según Almodóvar, su vertiente más autista: se limitaba a estar en los sitios y si acaso se hacía alguna foto con gesto autómata. A Almodóvar siempre lo presentaban como "el Warhol español" y, a la quinta vez, en casa de Juan March, un aristócrata que tenía un palacete en la calle Miguel Ángel, Andy le preguntó por qué era el Warhol español, a lo que Almodóvar respondió: "Tal vez porque no se les ocurre otro modo de presentarme". "A simple vista no nos parecemos", dijo Warhol, que lucía su famoso pelucón platino. Almodóvar, de melena azabache, se despidió avergonzado de esa única conversación diciéndole: "Debe ser porque en mis películas yo también saco travestis y drogadictos".

La exposición causó gran revuelo en Madrid. La farándula local quiso pasar por ser la verdadera Movida y eso les desagradó a los chicos del clan Costus. En cada aparición de Warhol estaban personajes como Isabel Preysler, Maruja Mayo, Jaime Chavarri junto a Almodóvar, Cecilia y Ariel Roth, Carlos Berlanga o Bernardo Bonezzi. Consciente de que su papel y la situación eran bastante ridículos, Almodóvar comenzaría a experimentar una fobia por las personalidades o los poderosos. Ante ellos, seguía sintiéndose un muchacho más nacido en La Mancha, aunque estaba convencido también de que su autenticidad y la templanza de su trabajo eran las únicas armas con las que contaba.

Para la despedida de Warhol, Hervé Hachuel organizó una fiesta-concierto con Alaska y Los Pegamoides, donde Almodóvar y McNamara terminaron subidos en el escenario. El dúo había actuado dos días antes en Rock-Ola en un concierto que quedó en la memoria de los asistentes. Su capacidad histriónica, además de los músicos que los acompañaban, como Carlos Berlanga, Nacho Canut y Ana Curra, era cada vez más sorprendente, aunque Fabio comenzaba a dar muestras de total desenfreno. "Almodóvar salió maquillado, con pendientes flamencos, gabardina de cuero y medias de malla, y Fabio vestido con lamé", dice Rafael Cervera en su historia de la Movida. A Fabio, las drogas y el alcohol lo perturbaban más de lo necesario, olvidaba las letras, todo comenzaba a hacerse difuso entre el grupo. La despedida de Warhol de

Madrid inauguró el consumo de heroína, por lo que muchos, entre ellos Almodóvar, quien comenzaba a ganar prestigio cada vez más, se alejaron. Quienes se quedaron prendidos del "caballo", la manera de nombrar a esa droga inyectada, murieron o comenzaron a parecerse cada vez menos a lo que habían soñado de sí mismos.

Los cines Alphaville no tenían cómo costear una tercera película del manchego. Aburrido, con un nombre hecho en Madrid, comenzó a indagar cómo podría financiar un próximo rodaje. Tenía claro que por esos días no iba a seguir hablando de la Movida. Entonces, se encontró con una propuesta extraña. Cristina Sánchez Pascual, una actriz a quien había dado dos pequeños personajes en sus películas anteriores, estaba casada con Hervé Hachuel. Sánchez Pascual estaba decidida a abandonarlo, y Hachuel prometió concederle cualquier deseo. Cristina le pidió que formara una productora de cine, cuyo primer filme debía ser interpretado por ella. Hachuel le dijo que sí, que estaba bien, que él haría cualquier cosa para no perderla. Le preguntó entonces a su esposa con cuáles directores quería trabajar, y ella dijo que debía ser con Carlos Berlanga, Iván Zulueta (creador de los carteles de *Laberinto de pasiones*) o con Almodóvar. El magnate los llamó a los tres. No les dijo nada del papel preponderante que debía jugar su mujer, sino que les anunció que estaba interesado en producir una película de cualquiera de ellos. "En este encargo, ¿Cristina debe ser la protagonista o no?", le soltó Almodóvar. A lo que Hachuel le respondió con un "por supuesto que no", que para Almodóvar no quería decir sino "por supuesto que sí".

Matador *(1985-1986) es uno de los filmes más extraños de Pedro Almodóvar y el único que está firmado en compañía del novelista Jesús Ferrero. Fue protagonizado por Nacho Martínez en el papel de un torero retirado y por Assumpta Petra, una abogada obsesionada con someter a los hombres hasta matarlos.*

© Cortesía Revista Kinetoscopio

Arriba

Kika *(1993), en palabras de su director, es su película más personal y, por lo tanto, más arriesgada. Comenzó a escribir el guión a partir de la novela* Live Flesh *de la estadounidense Ruth Rendell. Partió de la idea de una mujer optimista en medio de un naufragio, acaso lo que él sentía en medio de la soledad de las giras.*

Página anterior

Tacones lejanos *(1991) es la novena película de Almodóvar. Una historia tejida por un drama humano, pero de la manera más glamurosa posible. Ante la negativa de Antonio Banderas para protagonizarla, acudió a su amigo el cantante Miguel Bosé, quien debía darle vida a dos personajes: el travesti Femme Letal y el juez Domínguez. Obtuvo un César francés en 1992.*

CIBY 2000 présente
Un film de
Almodóvar
La Fleur de mon Secret
MARISA PAREDES - JUAN ECHANOVE
CARMEN ELIAS - ROSSY DE PALMA - CHUS LAMPREAVE
Avec la participation spéciale de JOAQUIN CORTES - MANUELA VARGAS
Avec la participation de IMANOL ARIAS - *Musique:* ALBERTO IGLESIAS - *Montage:* JOSE SALCEDO
*Directeur de la photographie:* AFFONSO BEATO - *Directeur de production:* ESTHER GARCIA
*Producteur exécutif:* AGUSTIN ALMODOVAR - *Une coproduction* EL DESEO S.A. - CIBY 2000
Ecrit et réalisé par PEDRO ALMODOVAR

Arriba

Todo sobre mi madre *(1999) es un homenaje al sentir de las madres, a su sensibilidad y a su manera de enfrentarse a la vida, y a doña Paquita Caballero, madre de Almodóvar, quien murió ese mismo año, tras participar en cinco de sus filmes. "Esta es la película con la que nos quedamos huérfanos", dijo Agustín Almodóvar al enterarse de que había ganado el Oscar a mejor película extranjera.*

Página anterior

La flor de mi secreto *(1995) fue la última película de la transición a los años noventa, protagonizada por la que será su "diva" Marisa Paredes. En este drama aparece, una vez más, una suerte de álter ego femenino de un director decidido a volver a sus raíces. Almodóvar lo calificó como un filme de madurez, una vuelta hacia su propia identidad.*

*El dolor tras el triunfo de* Todo sobre mi madre, *perturbó tanto a Almodóvar que decidió rodar un drama en el que se cruzaran todas sus obsesiones: el cine, el toreo, el amor y sus dificultades y, finalmente, el renacer que entraña toda ausencia. Así surgió* Hable con ella *en el año 2002.*

Arriba

*A los cincuenta y tres años, Almodóvar realiza su película número quince. Tras recobrar* La visita*, un viejo texto escrito en la adolescencia que tenía un tono revanchista en contra de la doble moral de los curas salesianos, decide que su protagonista sea un travesti que visita a los curas con los que se educó. Luego de superponer otras historias, como ya era costumbre desde* Tacones lejanos*, saca a la luz* La mala educación *(2003), un filme donde nuevamente aparece una mirada sobre su propia formación, sus inquietudes, sus miedos y los fantasmas que lo habitan.*

Página anterior

*Almodóvar junto a uno de los protagonistas del filme, Gael García Bernal.*

Carlos Berlanga, creyendo en la buena fe de Hachuel, escribió una película donde Cristina apenas si aparecía en un papel secundario. Almodóvar, atrapado en el mar incierto de la financiación de su tercera apuesta, se tomó en serio aquello de hacer una película por encargo y pensó:

> Voy a componerle ese tipo de personaje con el que toda actriz ha soñado. Tomé el concepto de la película de encargo como si fuera un estilo. Le compuse un personaje que volvía locos a los hombres y mujeres, tenía que cantar, drogarse, estar borracha, pasar períodos de abstinencia, todas esas pruebas para las que cualquier mujer necesitaría cien años de vida para poder pasar [...]. Mi idea era un personaje como esos que a veces interpretó Marlene Dietrich con Sternberg, por ejemplo en *La venus rubia* (1932), donde hacía de ama de casa y se convertía en espía, puta, cantante, viajaba por medio mundo, le pasaban cientos de cosas. Esa era la referencia para mí. (Strauss)

El guión de Berlanga, como era de esperarse, jamás pasó la prueba. No así el de Almodóvar, quien, sin embargo, se dio cuenta más temprano que tarde de que el papel de Cristina Sánchez Pascual era demasiado para sus dotes. Con la aprobación de la historia, llamada *Entre tinieblas*, por parte de Tesauro, la recién creada productora, Almodóvar se tomó todavía más en serio la tarea de director de cine. No es que antes no lo hubiera hecho, pero algo iba más de experimentación que de aprendizaje de la técnica en sus anteriores películas. Quiso cambiar el registro haciendo una película que en principio fue tildada de anticlerical, pero que lo único que hacía era seguir indagando en la complejidad de las relaciones humanas, esta vez, echando mano de un entorno especial: el de una congregación religiosa, lo que conocía muy bien desde la infancia.

Para realizarla, volvió a llamar a Carmen Maura como sor Perdida, como si en el fondo quisiera emular a aquellos realizadores como Sternberg o Fassbinder, que se casaban con una diva en varias películas. Cristina encarnaba a Yolanda, una ex yonqui; Julieta Serrano, a la madre superiora; Marisa Paredes a sor Estiércol; Chus Lampreave, una actriz proveniente del cine de los años cincuenta, con cuya presencia por fin pudo contar tras dos intentos fallidos en sus anteriores historias, en el papel de sor Rata de Callejón; Lina Callejas como sor Víbora, y Mari Carrillo como la marquesa.

Si antes el cine de Waters, la estética *pop* y las comedias delirantes habían sido sus influencias, esta vez los tiros iban por otro lado. Aunque seguía teniendo un tono de parodia y de humor, en esta oportunidad acudió a las películas religiosas de su infancia como *Marcelino, pan y vino*, para ofrecer diversos climas narrativos que pasaban por el drama, la comedia y el melodrama.

Yolanda es una cantante de cabaret que mata a su amante por error con una dosis letal de heroína. En su desesperación por huir, se interna en un convento de religiosas que en alguna ocasión pasada se habían presentado como sus admiradoras. La misión de estas monjas es redimir a los pecadores convirtiéndose o haciendo parte de los sufrimientos de estos, pues explican que la presencia de Jesús entre los hombres se debe sólo a los pecadores, que encarnan su verdadero objetivo. Así, las Redentoras son un grupo particular de mujeres que han transitado los caminos de la droga y del homosexualismo, y para quienes esos seres perdidos en las honduras de la vida son su razón de existir. Almodóvar tomó experiencias propias del desencanto de la Movida, y ajenas, que venían de la literatura y del cine. Más adelante explicó que la película también se había basado en su emocionada lectura de Jean Genet, a quien Jean Paul Sartre, padre del existencialismo francés, había dedicado un opúsculo llamado *Saint Genet*. La vida de Genet, como artista homosexual, ladrón y marginal, además de gran escritor, era la de un hombre capaz de sumergirse en la experiencia para, desde allí, dar voz a su angustia de vivir. "Esa fascinación es absolutamente religiosa, es lo que se llama piedad, únicamente que el motivo de esa piedad, en vez de ser Dios o los santos, es el ser humano en su abyección".

A partir de esa idea, y tras la inclusión de un personaje descentrado de la vida monacal, el argumento se concentra en una vida conventual poco común. La madre superiora se obsesiona por Yolanda. En vez de un altar a la Virgen o a algún santo en particular, tiene en su olimpo a las diosas del cine, desde Ava Gardner hasta Brigitte

JEAN GENET: París 1910-1986. Escritor francés consagrado como el apóstol del existencialismo francés, corriente creada por el filósofo Jean Paul Sartre. Antes que escribir, la suya fue una existencia que se sumergió en las honduras de la vida: se dedicó a la prostitución, al robo y a los bajos fondos después de una juventud pasada en reformatorios. De sus vivencias, salen libros como *Milagro de la rosa*, *El diario de un ladrón* o *Nuestra Señora de las Flores*. Escribió teatro, guiones de cine, y en 1983 se le concedió el Gran Premio de la Academia francesa.

Bardot, las pecadoras por excelencia. Las monjas sor Estiércol, sor Perdida, sor Víbora y sor Rata de Callejón le dan la bienvenida a Yolanda. En medio de la obsesión de la madre superiora por Yolanda, que incluye la afición de ambas por la heroína, las demás van construyendo su propia redención, hasta que se marchan del convento. Yolanda decide que ambas deben dejar la heroína, lo que desencadena una situación de mayor tensión por el amor no correspondido de la madre superiora.

Almodóvar reconoció que se trataba más de una historia de amor que de cualquier otra cosa, en la que se ponían en juego dos asuntos esenciales para los españoles: la religión y la doble moral con la que fueron gobernados por casi 40 años. El salto cualitativo fue evidente. Por vez primera los encuadres y la iluminación responden a momentos dramáticos más determinados que en las dos primeras cintas, más eclécticas. El director, que seguía echando mano del trasunto *kitsch* —los afiches de la madre superiora, la mascota que es un tigre de Bengala, entre otros—, pidió a Ángel Fernández, su director de fotografía, que creara escenarios iluminados como si se tratara de obras de Francisco de Zurbarán, en las que la sombra está llena de contenido por aquello que presentimos, pero que no podemos ver. Por ello, hay cuadros memorables: aquel en que aparece Julieta Serrano apretando los dientes de un cinturón para inyectarse heroína en el antebrazo; la turbadora escena en la que se descubre que sor Perdida tiene como mascota un tigre de Bengala en el jardín, llamado 'el Niño'; y la escena de fiesta para la madre superiora, cuando suena el inolvidable bolero *Encadenados*, de Lucho Gatica, acaso el mejor homenaje al amor, en el que se proclama: "Mi suerte necesita de tu suerte, y tú me necesitas mucho más".

*Entre tinieblas* constituyó todo un cambio en comparación con su antecesora, ese catálogo de "modernidades" donde confluía toda la gente de la Movida. Llamado a ser un Autor ecléctico, Almodóvar acudió a lo burlesco, e inventó un universo particular. La película comenzaría a consagrar a sus actrices —y a sus actores en menor medida— como las más versátiles de España. Chus Lampreave era la reina de la comedia, mientras que Carmen Maura había pasado de diva del teatro a diva del cine, y Julieta Serrano y Kiti Manver se convertirían en parte de los decorados naturales de sus posteriores filmes, y lo que había crecido como Movida madrileña ahora se desarrollaba alrededor de Almodóvar, quien, de todos modos, estaba decidido a cambiar de registro y de género cuantas veces se le antojara, hasta lograr forjarse un sello de identidad propio.

Una vez terminó el rodaje, el ambiente de la Movida se volvió tenso. Poco antes de que se extinguiera, en 1983, Almodóvar y McNamara publicaron su primer y último disco, *¡Cómo está el servicio... de señoras!* En la portada aparecían Marisa Paredes, Will More, May, Eva Liberten y Marta Fernández Muro en un lujoso baño. Las canciones eran los ya consabidos *hits* de la pareja como *Gran ganga*, *Satanasa*, *Suck it to Me*, *Murciana*, y nuevas canciones como *Máquinas de Nueva York*, *Voy a ser mamá* y *Me voy a Usera*. Almodóvar siempre consideró su faceta musical como puro divertimento. Lo suyo era el cine, y en ello estaba.

La película fue seleccionada para participar en La Mostra de Venecia. Aunque el álbum apareció al mismo tiempo, Almodóvar había dejado de pertenecer al mundo del *underground* madrileño. Las Costus, cada vez más paranoicas y ácidas con el mundo exterior, se alejaron. Alaska entró en un extraño período místico y se separó de Los Pegamoides. Carlos Berlanga se fue a las islas Canarias. Los amigos, poco a poco, fueron entrando en sus cuarteles de invierno. La Movida, para ellos, había terminado; el grupo de amigos hizo una despedida oficial en la Rock-Ola, que acabó con un "nos ha salido un poquito *heavy*" de Almodóvar después de una noche que incluyó, como en los viejos tiempos, sexo, drogas y *glam rock*.

Fue así que, pensando en cómo seguir su camino, se encontró escribiendo un guión mucho más naturalista que todos los anteriores. Se trataba de saldar una deuda con el neorrealismo italiano a su manera, es decir, con los mismos guiños del *pop*, las drogas, pero esta vez sin valerse de los decorados alocados y subterráneos de sus primeras dos películas, ni del ambiente conventual de *Entre tinieblas*. Esta vez acudiría a las viejas colmenas habitacionales donde vivía esa clase media baja que había conocido en Telefónica. Empacó su maleta y se fue a Extremadura. Recogió el vestuario de sus hermanas y actualizó el refranero de su madre. Al volver, rodó una película en seis semanas, con la cual comenzaría a ser conocido en los circuitos de cine arte en las principales ciudades del mundo.

*Juan David Correa Ulloa*

## *La vieja clase media*

Al volver a Extremadura comenzaba a incumplir la vieja promesa de olvidar todo ese entorno que le resultaba algo árido, que había decidido borrar de la memoria para siempre tras su partida a Madrid. Era 1984 y su padre había muerto sin ver ninguna de sus películas. Con él jamás tuvo una comunicación; a pesar de que se querían, sus mundos eran completamente opuestos. Al sentir la muerte rondando, Antonio Almodóvar sólo exigió que lo llevaran a la misma habitación de Calzada de Calatrava en la cual habían nacido sus hijos, y allí murió. Doña Francisca y sus hermanas regresaron a Cáceres y allí las encontró Pedro, con los mismos trajes de luto de la infancia; su madre, cada día con más frases ingeniosas, dichos populares y una constante molestia en los ojos.

En el invierno de aquel año comenzó el rodaje de *¿Qué he hecho Yo para merecer esto!*, que es el relato de Gloria, una mujer de clase media baja, interpretada por Carmen Maura, y el de su familia, sumergida en las colonias habitacionales que el mismo Almodóvar había visto a su llegada a Madrid.

Una vez más el director trabajaba con Hachuel y su productora Tesauro. Carmen Maura volvió a protagonizar, y todo el peso dramático recayó sobre ella. Las historias secundarias daban el color local a través del humor, aunque se tratara de una realidad dura: la violencia de un esposo machista, la madurez de dos hijos adolescentes que se dedican a la venta de drogas y a la prostitución, la nostalgia de una abuela que sueña con volver al campo en donde nació, inspirada en su madre.

Una vez comenzó el rodaje, Almodóvar se dio cuenta de que estaba, de alguna manera, denunciando una realidad que sobrepasaba en mucho a esa España moderna tan proclamada por aquellos días. A pesar de la conciencia de no querer tocar el franquismo de manera deliberada, se siente en la película el peso de un pasado oscuro muy lejano del presente prometedor. Quizás el único personaje abiertamente liberado es el de Cristal, la vecina prostituta, interpretada por Verónica Forqué, quien, a pesar de su amplitud, no es sino una mujer igual de pobre, aunque algo más optimista. Los demás personajes pertenecen a una ciudad gris, vista a través de los ojos de Gloria, cuya desesperación crece a medida que la película avanza.

El filme contó con la participación de algunos actores naturales, como los hijos de Gloria, y un reparto en el cual sobresalían Kity Manver, Ángel de Andrés López, Katia Loritz y Gonzalo Suárez. La trama se refiere a la difícil situación que atraviesa la familia de Gloria, quien vive de hacer limpieza como empleada doméstica. La primera escena transcurre en una escuela de policía donde se practican ejercicios marciales. Gloria, agotada, entrevé en las duchas a un policía que le pide que se bañe con él. La escena es terrible por patética: el policía resulta ser impotente y el deseo de la pobre mujer no es sino una caída libre. Al salir de allí vuelve a su casa, en la que vive con sus dos hijos y la madre de Antonio, su marido.

Antonio es taxista y recoge a un hombre que se dirige al mismo barrio en el que vive su familia. El pasajero es un escritor fracasado que va a visitar a su vecina, Cristal, para informarse sobre el mundo de la prostitución que quiere plasmar en una novela porno. La cámara sumerge al espectador en el entorno de los multifamiliares y en una realidad asfixiante. Un departamento pequeño invadido por electrodomésticos; los papeles de colgadura viejos y de colores desteñidos; los muebles avejentados; la vida de una familia a la que apenas le alcanza para sobrevivir.

De allí en adelante la historia es una reflexión sobre el dinero y sobre las relaciones de una familia tradicional, cuya estructura termina por desaparecer al final. La vida es cada vez más dura, y Gloria debe trabajar como empleada doméstica en la casa del escritor, cliente de Cristal. Antonio se opone, pero no puede hacer nada ante la escasez. Cada uno de los miembros de la familia sobrevive como puede. El hijo mayor, Juani, vende drogas; el menor, Toni, se prostituye con hombres. La abuela es cómplice y fiel compañera de los negocios de Juani, y con el dinero que éste le da por su anuencia compra botellas de agua de Vichy y magdalenas de dulce que esconde en un viejo armario. El cuadro lo completa Cristal, un apoyo para la familia a pesar de su condición marginal. La película indaga en la personalidad de cada uno de sus personajes. A pesar de que todas las escenas están llenas de humor, la tragedia de Gloria es evidente en una disputa con su marido, en la que, armada con una pata flaca de jamón, le quita la vida. Allí, la familia se desmiembra: el hijo menor se ha vendido a un dentista pederasta; el mayor y la abuela han decidido regresar al pueblo tras la muerte de Antonio, que jamás es investigada, y la mujer, el eje de las relaciones familiares, se queda sola. A punto de suicidarse, el regreso de su hijo menor le devuelve la confianza para seguir adelante.

## *Guiños del* pop

A pesar del decidido tono realista de la película, Almodóvar no olvidó sus viejas conexiones con el *pop* ni su interés por desentrañar la sexualidad de una España recién liberada. Para la época, las salas de arte y ensayo se habían convertido en salas de cine porno, para cuyas funciones las filas se podían contar por cientos. Los exhibicionistas pululaban por Madrid y las principales ciudades españolas. El destape sexual no fue evadido por Almodóvar en esta película: a Cristal, la rubicunda prostituta, la visita un exhibicionista y ésta le pide el favor a Gloria que la acompañe, pues de lo contrario el hombre no le pagará.

Una vez más Almodóvar veía en el sexo la posibilidad de hablar de la hipocresía social. Pero también aparecen las parodias de anuncios de publicidad que se volverán recurrentes en sus películas. Un anuncio sobre una marca de café en la que se ve una romántica escena del despertar de dos amantes, termina con un tropiezo del generoso hombre; su mujer quemada declara: "Jamás olvidaré esa taza de café". También la parodia musical de la popular canción de Ramón Perelló, *La bien pagá*, que protagonizan el propio Almodóvar y su coequipero Fabio McNamara en la televisión que ve la abuela, mientras Gloria termina cediendo a las pretensiones masturbatorias de su esposo. O los enfoques de la cámara realizados desde la perspectiva de los electrodomésticos, los únicos compañeros de las amas de casa, y en los que se concentra la publicidad. "[La publicidad] es como parte del mobiliario de una vida urbana, forma parte del *attrezzo* de las historias que cuento, y mi interés es realmente hacer una parodia del género publicitario", diría después.

Almodóvar llegó a los treinta y tres años con una no despreciable fama de ser el *enfant terrible* del cine español. Quizás no muchos se esperaban que ahora se fijara en un tema tan gris y realista como el de *¿Qué he hecho Yo para merecer esto!*, pero, una vez más, consciente de estar forjando su propia cinematografía, la película transitaba por caminos bien distintos a los de sus películas anteriores.

El estreno del filme estuvo precedido por una propuesta de su amiga Paloma Chamorro, presentadora del programa *La edad de oro,* una emisión televisiva que desde los primeros años de la Movida se había convertido en la vitrina de todos los artistas de España, que le pidió un cortometraje especial para su emisión. Como la idea lo aburría, Almodóvar se lanzó a escribir una película corta llamada *Trailer para amantes de lo prohibido*. Se trataba de un cuasi musical donde aparece una mujer que también asesina a su marido y en la que todos los personajes hacen *playbacks* de canciones de Olga Guillot y Eartha Kitt. Con este mediometraje, que en definitiva fue una manera de autopublicitarse, su relación con el hecho de crear expectativas diversas valiéndose del mercado a partir de sus películas se convirtió con el tiempo en una costumbre.

La crítica de la película fue buena. Los espectadores, divertidos con el naturalismo de Almodóvar, quisieron creer que el muchacho alocado de la Movida se comprometía con un cine menos arriesgado, pero el manchego ya preparaba otro nuevo cambio de registro.

## *Morir en la plaza*

*Matador* supone su última película realizada por un productor distinto a él mismo. La relación con Hervé Hachuel y su productora Tesauro había llegado a su fin tras *¿Qué he hecho Yo para merecer esto!* Esta vez Almodóvar, ya con cuatro largos rodados y estrenados, se decidió por el naciente Andrés Vicente Gómez. Su libertad de creación cada vez era mayor, aun cuando, ya con treinta y cuatro años, comenzaba a experimentar cierto cansancio por los caprichos de sus productores.

En 1985, Almodóvar era reconocido en su país y comenzaba a serlo fuera de él. Sus películas ya habían sido presentadas en ciclos especiales y festivales importantes en lugares tan diversos como La Mostra de Venecia, la Cinemateca Distrital de Bogotá o el festival Filmex en Los Ángeles. Decidido entonces a perseverar desde 1984 antes de terminar el rodaje de *¿Qué he hecho Yo para merecer esto!* comenzó a escribir dos nuevos guiones. Por un lado, *La ley del deseo*, que se realizará después de *Matador*, la única película de Almodóvar que está firmada en compañía del novelista Jesús Ferrero.

*Matador* es una de las películas más extrañas de Almodóvar. Pareció aprovecharse del lema gubernamental de poner a Madrid de moda. Ello quizás explique la presencia de motivos españoles, que apenas si habían sido tocados por el director. Por un lado, toda la película fue concebida y montada con deliberados planos simétricos; en principio, el más evidente es la comparación entre el toreo y las relaciones de poder que entrañan todas las parejas. *Matador* fue protagonizada por Nacho Martínez en el papel de un torero retirado a causa de una cornada y dedicado a impartir lecciones; y por Assumpta Serna en el papel de María, una abogada penalista obsesionada con someter a los hombres seduciéndolos y asesinándolos con una estocada mortal en la nuca con un alfiler para sostener el pelo. Es, a su vez, un *thriller* algo abstracto donde la autorreferencialidad y su manera de ver las relaciones aparecen en toda su extensión.

Bajo la perspectiva de las referidas simetrías, hay dos madres: una moderna, Chus Lampreave en el papel de la liberada Pilar, madre de una modelo (Eva Cobo), y la reaccionaria y opresora madre de Ángel (Antonio Banderas), interpretada por Julieta Serrano, que representa el pasado de esa España apegada al Opus Dei, como la orden encargada de salvar las almas de ese perverso mundo emergido después de Franco. De la misma manera, hay dos hombres, un maestro del toreo, Nacho Martínez, y un aprendiz interpretado por Antonio Banderas; y dos mujeres: la modelo y la matadora. En el centro, una investigación policial, varias subtramas y un desfile de modas en el cual se pone en evidencia a esa nueva España a través de un deliberado uso del color y de la puesta en escena de toda la simbología del toreo.

*La edad de oro*: Durante casi ocho años fue el programa de televisión más contracultural de la época de la Movida en España. Su presentadora Paloma Chamorro es gran amiga de Pedro Almodóvar.

En 1985 el director manchego estaba interesado ya en fundar su propia productora junto con su hermano Agustín, químico, profesor de matemáticas y contabilidad, que ganó experiencia en esta película como auxiliar de producción. Éste, una suerte de aliado incondicional desde la infancia, se había convertido en su escudero, en su primer lector y en su principal crítico antes de afrontar cualquier proyecto. *Matador* está dedicada a él, como avisando la ruptura con el mundo de los productores. Una ruptura que no sobrevino sino hasta su siguiente película, *La ley del deseo.*

Habían pasado ya diez años desde la muerte de Franco. La Movida había llegado a su fin, y Almodóvar iba consiguiendo una madurez que se notaba en cada una de sus nuevas películas. Declaraba para la época estar cansado de que se lo relacionara una y otra vez con el mundo del "cutrerío", que es la manera de nombrar el mal gusto en España. Era un director de cine que se atrevía, pero que aún no era por completo aceptado. Pertenecía a un momento y no era fácil que la gente creyera que iba a renunciar a las comedias o a los melodramas burlescos. Pero *Matador* era otra cosa. Lo obsesionaba el tema de la muerte, la sentía presente y decidió apostar por una película desesperada en la que se mata por amor, por deseo, por necesidad, en una sublimación no del crimen, sino del ritual a estadios mucho más hondos del ser humano. La película fue escrita de manera rápida, casi como todos sus guiones y siempre a partir de una idea, esta vez la de la muerte, y pensando en directores que hablaran sobre sus propias preocupaciones. Él era consciente de que si esto se notaba iba a convertirse en un director personal, un cineasta entregado a sí mismo, una suerte de dios. Ese rasgo egocéntrico lo iría cubriendo con un aura de tirano en lo que al trato con los actores y la concepción misma de la película se refería. Por lo mismo, dicha apuesta de cambiar el registro, y de convencerse de que podría hacer muchas cosas distintas de sus primeras películas, lo iría sumiendo en una soledad anímica que conserva hasta hoy.

*Matador* se estrenó sin mucho éxito en el país, aunque fue celebrada por algunos críticos como Diego Galán o Vicente Molina Foix, que escribió: "*Matador* es a mi juicio lo mejor de Almodóvar, su película más controlada, más brillantemente narrada, y la que tiene un mayor equilibrio entre el ying y el yang genuinamente almodovarianos, es decir, entre un principio femenino abrasadoramente activo y una pasividad masculina hecha de culpabilidad. En *Matador* los hombres, especialmente el policía *voyeur* de Eusebio Poncela y el bello atormentado que hace Banderas, son personajes ricos, complejos y no meros replicantes de las mujeres". Sin embargo, la película fue vista con recelo por un público que no miraba con buenos ojos la desacralización de uno de sus símbolos nacionales. El mismo director era consciente del riesgo que corría al poner en el centro de su cinta la religión de los españoles, y aseguró:

> Los toros son el elemento más distintivo de mi cultura, uno de los más representativos y probablemente de los más sagrados. El español respeta mucho más el mundo de los toros que el de la religión. Si tuviera que decidir, el español no beatificaría al inventor del Opus Dei, sino a un torero. Por eso la película en España creó un efecto escalofriante, es el lugar en donde peor ha funcionado.

La síntesis, por lo tanto, era bastante arriesgada, pero Almodóvar una y otra vez ponía en el centro de su cine no sólo sus preocupaciones y sensibilidad, sino todo aquello que parecía intocable e inamovible para una sociedad encerrada. Si antes había entronizado a las mujeres y comenzaba a hacerse famoso como el nuevo gran director de mujeres al estilo de George Cukor, ahora daba muestras de talento al centrar la acción en los hombres; si sus referentes esenciales eran Waters o Warhol, ahora los *thrillers* al estilo Hitchcock eran su fuente de inspiración. La historia rendía además homenaje al género negro de los años cincuenta, y a los filmes europeos de terror de la serie B de los años setenta y comienzos de los ochenta. A ello le sumaba toda la dosis necesaria para entender que se trataba de su película más desesperada. Todo un riesgo para un matador que parecía decirle a su público que prefería morir en la plaza antes que anquilosarse en una sola manera de hacer cine.

## *El deseo*

Desde 1983 Pilar Miró, directora del Instituto de Cinematografía, intentó dar mejores condiciones al cine español. Miró había realizado algunas películas en los años setenta que Franco había censurado, y propugnó una nueva ley que le permitiría a Almodóvar pensar en crear su propia productora. La ley establecía una serie de subvenciones para los realizadores y ello facilitaba que el autor fuera su mismo productor. Las relaciones, aunque nunca fueron malas con los productores, eran uno de los mayores cuellos de botella para Almodóvar, quien siempre imponía un estilo y pocas veces aceptaba sugerencias. "Con las primeras películas que hice era como haber tenido cinco hijos con cinco padres distintos con los cuales estoy en continuo litigio. Además, las películas son de ellos".

La producción de su nueva película, *La ley del deseo*, no fue, sin embargo, fácil. Las promocionadas subvenciones de la ley Miró no funcionaron por la temática de la película. Por contradictorio que parezca, el tema del amor homosexual, tratado directamente en este caso, puso en alerta a la burocracia y la película sufrió una primera censura moral. Algo desanimados, los hermanos Almodóvar comenzaron a buscar posibles fuentes de financiación. Sólo Fernando Méndez Leite, director del Instituto de Cinematografía en 1986, y un comité catalán defendieron la película y solicitaron que se le diera algo para su rodaje. De todos modos, el dinero no alcanzaba. La angustia por seguir el camino hizo que tomara una decisión bastante arriesgada: financiar él mismo la película acudiendo a préstamos en los bancos. Así se hizo. El Deseo S. A. nació en una caja de cartón en la cual Agustín llevaba la contabilidad y los gastos de producción, mientras su hermano iniciaba el rodaje. De la misma manera, Carmen Maura estuvo a punto de desistir de realizar la película ante diversas ofertas. Sin embargo, Almodóvar logró convencerla al decirle: "La rodamos aunque sea en súper 8".

El rodaje se inició con un equipo bastante parecido al de *Matador*. Antonio Banderas y Esteban Poncela fueron esta vez los dos protagonistas de la película, junto a Carmen Maura. *La ley del deseo* no sólo era importante para Almodóvar por ser su primer trabajo como productor, sino que constituyó un manifiesto más personal que los anteriores sobre su condición de cineasta y homosexual. Eusebio Poncela interpreta a Pablo Quintero, un escritor y director de cine, abiertamente *gay*, que hace películas que jamás ve. Quintero sostiene un romance con Juan (Miguel Molina), quien lo abandona para regresar a su tierra, Andalucía. El escritor vive en una Madrid de relaciones sociales, llena de compromisos, y su único apoyo es su hermano transexual Tina, Carmen Maura, y la pequeña Ada al cuidado de éste(a), quien es hija de una mujer interpretada por el transexual Bibi Andersen. La familia, como en todas sus películas y en su vida misma, una vez más se construye con sus propias dificultades.

Desde el papel anterior en *Matador*, el malagueño Antonio Banderas parecía convertirse en el nuevo fetiche de Almodóvar. Banderas se aterró un poco cuando Pedro le mostró el guión. Debía interpretar a un muchacho a quien el ansia de reconocimiento lo vuelca hacia el comercio homosexual de su propio cuerpo. Al final Banderas se sobrepuso al miedo y se hizo dueño del oscuro Pablo, un obseso andaluz que sueña con Quintero. Los dos sostienen un romance que terminará en posesión y muerte. Una vez más, la clave está en la trama policíaca, alimentada por las historias secundarias de Ada, Tina, y por el monólogo de Jean Cocteau, *La voz humana*, cuya influencia reconocerá Almodóvar e intentará llevar al cine en su próxima película.

Así, las constantes referencias a los gustos del propio Almodóvar, su visión del amor *gay*, y su decidida franqueza al encumbrar al director de cine como un dios, y la propia aparición del director en una corta escena —como también ocurre en *Matador*— permiten creer que *La ley del deseo* es una alegoría de su propia vida. Quintero es un hombre encerrado en sí mismo, profundamente egoísta, que busca su camino a través de una máquina de escribir y que realiza películas con rimbombantes nombres como *El paradigma del mejillón*; es homosexual, cínico, solitario, mundano y acusado de trivial. Además, sin ser adicto, utiliza drogas que le permiten conectarse con su mundo interior o simplemente dormir. No puede decirse que la imagen que ofrece la película sea una radiografía del propio Almodóvar, pero no puede dudarse que sus parlamentos y preocupaciones guardan una estrecha relación con su carácter.

Muchos quisieron ver en la película la influencia del director alemán Rainer Werner Fassbinder, cuyos retratos cinematográficos del mundo homosexual levantaron ampolla en los años setenta, además de la relación con su diva Hanna Schygulla, parecida a la del español con Carmen Maura. El propio Almodóvar reconoció la influencia del alemán, pero aclaró que su película no era vindicatoria. Por sexta vez, su cine es una mezcla de muchas voces, de diversas sensaciones que atraviesan desde las comedias románticas de los años cincuenta hasta los *thrillers* y películas de terror, bajo el foco de su propia vida. Por lo mismo, Almodóvar parecía ser

Hanna Schygulla: Actriz polaca nacida el 25 de diciembre de 1943. Desde 1969 se convirtió en la diva del director alemán Rainer Werner Fassbinder. Protagonizó *El amor es más frío que la muerte*, *El matrimonio de María Braun* y su consagración ocurrió en *Lili Marleen*, entre otras películas del director.

consciente de contar con el absoluto dominio de la película, pues quería estar seguro de la utilización y distribución de ésta. No se trataba de hacer un panfleto *gay* para solaz de una población excluida históricamente, sino de enfrentar una historia desde un punto de vista distinto del usual.

*La ley del deseo* recibió un sepulcral silencio por parte de los españoles. A pesar de los evidentes avances del realizador, del cuidado de la edición, de una banda sonora más sutil —el momento de inflexión de la cinta ocurre con un fondo del bolero *Lo dudo*, interpretado por el grupo Los Panchos— y de una historia de amor, celos y obsesión que termina de manera brutal y metafórica, la película fue valorada en otros lugares, pero no en su país.

El silencio, sin embargo, no lo aturdió. Osó decir más bien que *La ley del deseo* constituía una vuelta a los orígenes, al calor del verano de sus primeras dos películas, a la obsesión por reconfigurar las relaciones familiares. Dijo que había pensado en llamarla *Todos los hermanos son homosexuales*, se divirtió con las voces que lo acusaban de blasfemo y coronó a Carmen Maura como su diva de los años ochenta. La mujer que se crecía cuando él la dirigía, la mujer que era capaz de interpretar a un transexual y de hacerlo creíble. Aplaudió de igual manera a Antonio Banderas, quien en sus dos perturbados personajes ya se convertía en un nuevo símbolo sexual que, en los primeros años noventa, lo conduciría a terminar con su brillante carrera para hacer deficientes películas con el sello de Hollywood. No ocurrió así con Eusebio Poncela, el protagonista principal, cuya actuación no lo convenció y a quien acusó de tomar “drogas equivocadas” durante el rodaje. Extraño parecer el de Almodóvar, pues Poncela logra la dosis necesaria de cinismo y pasión, aunque era de esperar que el reflejo de su propia sombra en la pantalla no lograra convencerlo. Como dice Tina cuando Quintero le confiesa que la ha tomado como personaje para su próxima película: “Mis fracasos son míos, y los he pagado bastante caros como para que hagan parte de un guión”. Así, la vida de Almodóvar dará un giro inesperado, pues será lanzado a escala mundial a partir de 1987 con una comedia que encendió las alarmas de la academia norteamericana.

## Conociendo a Billy Wilder

No es que se hubiera planteado que con el crecimiento de su fama conocería a todas esas glorias del cine que había visto a lo largo de sus treinta y seis años. Sin embargo, el azar quiso que dentro del jurado de los premios Oscar en la edición de 1988 estuviera su admirado Billy Wilder. La promoción de su séptima película, *Mujeres al borde de un ataque de nervios*, con la cual dio el salto definitivo hacia su proyección internacional, estuvo rodeada por los buenos augurios cuando fue elegida por España en la categoría de mejor película extranjera para los Oscar de 1988, y recomendada por un emocionado Wilder, a quien conocería durante la promoción de la película. Wilder sólo le dio un consejo que el director ha parecido respetar hasta la actualidad: jamás hacer una película bajo el influjo de Hollywood.

Almodóvar daba crédito a dicha nominación, pero la verdad era que hasta entonces los premios para sus películas habían sido escasos a pesar de la anuencia del público y de algunos críticos, sobre todo fuera de España, aunque en las dos películas anteriores el efecto sobre los espectadores fue mucho menor. En el Festival de Río de Janeiro de 1987 obtuvo el Tucán de Plata o Glauber Rocha. El mismo año la Asociación de Críticos de Los Ángeles le concedió el premio Nueva Generación (con el que fue ganando adeptos con miras a la ceremonia de los Oscar de 1988) y el premio Long Play, al mejor director. También obtuvo el Onda Madrid de 1987. Así que aspirar para entonces a la consagración internacional no parecía tan inmediato.

*Mujeres al borde de un ataque de nervios* lo llevaría de allí en adelante por caminos muy distintos de los que había transitado hasta 1987. La inspiración de *Mujeres* la encontró en su anterior película, *La ley del deseo*. La obra de Cocteau, *La voz humana*, que allí interpreta Carmen Maura, le sirvió para pensar en realizar una adaptación suya para un solo personaje, como abocándose a una sobredosis de Maura. Pensó en un largometraje en el cual una mujer, sentada al lado de un teléfono, espera la llamada de su amante, pero éste jamás aparece. Comenzó a escribir no bien terminó *La ley del deseo*, con la libertad que le permitía haber fundado El Deseo S. A. El guión fue escrito de manera expedita. Cuando terminó se lo mostró a su hermano, pero ambos se dieron cuenta de que la historia adaptada apenas alcanzaba para media hora de película.

Poco a poco, como había hecho desde siempre, fue articulando nuevos personajes a la que sería la historia de esa mujer que, en efecto, espera la llamada, que trabaja haciendo doblajes de clásicos del cine y que sufre una pena de amor. Una mujer que tiene una cándida amiga andaluza envuelta en una historia de amor con unos terroristas chiitas. Una mujer que tiene un amante que carga con una ex esposa loca y con un hijo, que a la vez arrastra con su pareja, pero se enreda con una nueva amante. Así, partiendo sólo de esa escena, *La voz humana* de Cocteau se convirtió en una comedia de ribetes hollywoodescos que fue vista por millones de personas alrededor del mundo.

Maura preparó el que sería su último papel con Almodóvar como siempre lo había hecho, es decir, sin demasiadas referencias. Almodóvar tuvo desde siempre una relación extraña con tomar gestos prestados de la realidad para la interpretación. Para el papel de *La ley del deseo*, Maura le pidió que le presentara a algunos transexuales para poder saber cómo se comportaban, y él le respondió con un no rotundo, y en cambio la instó a hacer pesas en el gimnasio. Esta vez, para *Mujeres al borde de un ataque de nervios*, le dijo antes de comenzar a rodar: "Es una tía que durante toda la película está diciendo una cosa, pensando otra y haciendo otra". Y así es: Pepa es una mujer desesperada que vive durante la acción de la película dos insoportables días de insomnio. La película comienza y termina con la búsqueda de Iván, su amante, a quien debe contarle que está embarazada. En medio de esos dos puntos, Almodóvar construye una tragicomedia burlesca española, en la cual varias mujeres se ven encerradas en el apartamento de Pepa, y cuyas individualidades se entretejen alrededor del amor, los celos, el desamor e incluso el crimen.

BILLY WILDER: Sucha, Austria-Hungría 1906. Se inició como director en 1929 con la película muda *Der Teufelsreporter*. Ya en Hollywood se convirtió en director de comedias delirantes como *Con faldas y a lo loco*. Es una de las grandes influencias de Almodóvar. Murió en 2002 a causa de una neumonía.

La película está llena de color, como si Almodóvar se hubiera propuesto romper definitivamente con la costumbre de ver a las mujeres de su familia siempre vestidas de negro, y está, además, aderezada con referencias explícitas al cine, como la escena en que Pepa se desmaya cuando trabaja en el doblaje de *Johnny Guitar* de Nicholas Ray (1954), o la imagen de una bailarina vista desde la calle en *La ventana indiscreta* de Alfred Hitchcock (1954), así como también con una decidida presencia de la moda de las revistas de los años cincuenta y sesenta, que lo fascinaron en la infancia, y que luce la demente esposa del amante de Pepa.

## *Vistas de Hollywood*

La reivindicación de lo femenino se convierte en el caballo de batalla para la promoción internacional de la película. La crítica lo celebra por su visión aguda sobre un universo que de todos modos él ya había comenzado a explorar años atrás. Chus Lampreave, Julieta Serrano, Carmen Maura, Rossy de Palma, Kity Manver y muchas otras son las nuevas divas a las que el mundo entero comienza a llamar "las chicas Almodóvar". En 1989, viajó acompañado de su equipo a Los Ángeles.

> En Berlín se le compara con Fassbinder, y conoce a su diva Hanna Schygulla. En Italia se le compara con Fellini, De Sica y Buñuel. En Estados Unidos recibe la ovación más larga de toda la noche en la entrega de los Oscar. En Buenos Aires le dedicaron un homenaje, proyectando su obra, y sus actores, que lo acompañan siempre en todos los eventos, eran materialmente avasallados por las calles (Holguín: 44).

Estar en Los Ángeles era como asistir a una sala de cine alumbrada por los faros del pasado. Almodóvar, ya maduro, de treinta y siete años, no se encandiló por las estrellas de Hollywood, aunque pasó un año presa de la fama mundial. Su nombre comenzó a primar sobre sus películas, lo que no le disgustaba por completo, aunque pensaba que aún era demasiado pronto para que aquello ocurriera.

Aquella noche del 30 de marzo de 1989 la expectación no podía ser mayor. El Oscar por mejor película extranjera sólo lo habían obtenido para España Luis Buñuel, con *El discreto encanto de la burguesía* en 1972, y José Luís Garcí, con *Volver a empezar* en 1982. Sin embargo, ante el aluvión de buenas críticas, el Oscar no fue para Almodóvar, sino que le fue otorgado a Bille August por la película danesa *Pelle, el conquistador*. El abucheo fue general y la crítica, por unanimidad, dio como ganadora moral de la edición a *Mujeres al borde de un ataque de nervios*. La misma noche se celebró una fiesta paralela, adonde acudió todo el mundillo de Hollywood a congraciarse con Almodóvar. Sus actores fetiche comenzaron a recibir ofertas de la industria más poderosa del planeta. Antonio Banderas comenzó sus coqueteos con los productores norteamericanos; la poderosa Miramax se hizo cargo de la distribución mundial de la película; Assumpta Serna participó en la exitosa serie de televisión *Falcon Crest*; y Almodóvar se convirtió en la nueva tentación de Hollywood.

Quizá recordó el consejo que le había dado Wilder y no aceptó ninguna propuesta. Acabó viajando de un lado a otro para promocionar su película y algo agotado al responder entrevistas que querían saber de su pasado, dijo cosas como: "*Mujeres al borde de un ataque de nervios* es un ataque contra el imperio de los teléfonos y los contestadores automáticos, o contra la Compañía Nacional Telefónica en la que trabajé tantos años", parodiándose a sí mismo.

Unos meses después decidió regresar a España para filmar su siguiente película, para la que ya tenía el título: *La mujer tóxica*. Estaba algo asustado con tanta fama y con que todo girase a su alrededor. *Mujeres al borde de un ataque de nervios* se convirtió durante muchos años en la película más vista del cine español, la mayor ganadora de Premios Goya y la primera en los recién creados Oscar europeos, y puso en una difícil situación al hombre que apenas unos años antes si tenía con qué producir sus historias.

En medio del aluvión de fama, su relación con Carmen Maura terminó como un choque de trenes de dos personajes que se disputaban el poder a través de su egolatría. Almodóvar sabía que él quería el control absoluto de sus propias obras, y aquella poderosa unión con la mujer que había conocido en el grupo Los Goliardos, diez años atrás, cuando aún era un pasante en un teatro modesto, acabó en un distanciamiento de muchos años. Carmen Maura y Almodóvar habían terminado por no entenderse, según el director "por la manera tan intensa con que me relaciono con los actores con los que trabajo. Mi relación con Carmen entró en terrenos extraprofesionales que nos estaban haciendo mucho mal". Después de esta declaración Almodóvar guardaría absoluto silencio sobre el altercado. El porvenir no iba a ser un lecho de rosas y en cambio su propio cine sufriría nuevas críticas y silencios, que era en últimas lo que se temía tras la efímera fama. Sin embargo, fiel a sí mismo, conquistó a una nueva diva, a pesar de que su participación en sus películas no llegaría a ser tan rotunda como lo fue la de Maura, la madrileña Victoria Mérida Rojas, o Victoria Abril.

*Resistiré*

La Motion Pictures Association of America (MPAA) censuró de plano la siguiente película de Almodóvar que había pasado de llamarse *La mujer tóxica* a *¡Átame!* Era una prueba más de que, a pesar de haberse ganado la gracia del mundo de Hollywood, sus temas seguían siendo vistos como demasiado "duros". La película fue tildada de pornográfica y algunas asociaciones feministas protestaron porque la consideraban una historia de dominación sadomasoquista. Almodóvar sabía que, tras el éxito, muchos perseguirían su fracaso como una presa ansiada. Sin embargo, se puso en contacto con sus distribuidores norteamericanos, Miramax, y éstos lograron convencer al comité de la MPAA de crear una nueva categoría para *¡Átame!* Así nació la NC17: "No recomendada para menores de 18 años. Historias que pueden contener sexo, lenguaje fuerte y/o violencia. Historias que pueden contener descripciones de excesiva violencia o violencia sexual no consentida". La recomendación parece ajustarse a todo aquello que hacía Almodóvar desde hacía casi veinte años, aunque con la sutil doble moral de los estadounidenses.

De esa manera, *¡Átame!* estuvo precedida por una polémica que le hizo daño, a pesar de que en casi todos los países en los que se estrenó no fue vista como abiertamente pornográfica. La película iba en contra de lo esperado, como ocurría ya con frecuencia. Además de la disputa con Maura, el papel de la protagonista exigía una mujer más joven. Por ello decidió insistir con Victoria Abril, a pesar de que ésta hubiera rechazado el papel que hizo María Barranco en *Mujeres al borde de un ataque de nervios*. Finalmente, Abril accedió, aunque de entrada sobrevinieron nuevos inconvenientes que, desde entonces, comenzarían a granjearle su fama de dictador. Primero, Almodóvar le explicó que él no trabajaba preparando de memoria los parlamentos, que, más allá de la técnica, lo suyo era un trabajo de intensidad, de sentimientos, en el cual los actores debían involucrarse de manera decidida con sus personajes. Nada de pensar en los dolores propios para poder llorar, sino en llorar como el personaje. Abril era una actriz bastante reconocida, que había iniciado su carrera con el director Vicente Aranda a mediados de los años setenta. Así que la relación, desde el principio, aunque muy productiva, fue tirante.

Antonio Banderas fue escogido para el papel protagónico. El muchacho malagueño que había hecho debutar el propio Almodóvar en *Laberinto de pasiones* en 1982, ya era considerado como un símbolo sexual para la industria de Hollywood. La pareja era pues, al menos, comercial. El guión buscaba, una vez más, la complejidad de las relaciones de poder en el amor, pero esta vez, a través de un hombre (Ricky) internado en un sanatorio, que al salir decide tener una vida normal. Una vida que es el ideal pequeñoburgués de una familia con padres, esposas e hijos.

Almodóvar descontextualiza de nuevo los comportamientos y trastoca las relaciones. Victoria Abril es Marina, una actriz porno y drogadicta, que en el momento de la historia acaba de terminar un rodaje dirigido por Máximo Espejo (Paco Rabal), un director inválido decidido a demostrar su amor por los subproductos cinematográficos y obsesionado con Marina. La historia es la de la construcción de una relación, por paradójico que suene. Almodóvar ha repetido que en ella puso mucho de su entendimiento de sus propias relaciones, del placer que se experimenta al sentir los pasos del amante cuando llega a casa, de los planes hechos a la hora del desayuno, del constante deseo de satisfacer al otro. Relaciones que por demás siempre ha protegido y mantenido lejos de los medios de comunicación, por lo que es imposible saber a ciencia cierta sobre sus parejas, aunque dijo que en su vida sólo había tenido tres amores, con quienes jamás compartió el mismo espacio, siguiendo el credo de Woody Allen. “Diría que con los amantes siempre es mejor vivir en departamentos distintos, si es posible, en ciudades distintas. No sería tan extremista. Sí, tengo una relación, pero la vida que llevo por mi trabajo es muy difícil de compartir”.

Ricky, no obstante, es una especie de animal, de hombre primitivo que decide raptar a Marina para convencerla de que ella puede llegar a amarlo e incluso formar una familia con él. Le explica que durante el último año de su vida ha vivido obsesionado con ella, y que ese amor ha terminado por salvarlo. Los dos habían tenido un encuentro sexual en una discoteca, que ella no recuerda. Así, durante más de cien minutos, se pasa de la violencia ejercida por el macho, a la dominación y el amor de la hembra. Parábola o no de las relaciones, de la forja de éstas, el cuadro a cuadro de la película nos convence de la inmensa posibilidad que ha encontrado Almodóvar al decidir transitar diversos géneros dentro de una misma película. Más sobria y menos cómica que *Mujeres al borde de un ataque de nervios*, el director apostó por volver una vez más a su pasado, a través de los ojos de Ricky, quien también creció en Extremadura, en Granadilla, adonde vuelve cuando Marina logra escapar. En ese paraje desértico, de escaleras de piedra, ella vuelve a buscarlo, y con la voz del Dúo Dinámico cantando *Resistiré*, canción de moda en los años setenta, se sella un encuentro apasionado y melodramático hasta la saciedad.

Estrenada en 1990, la película, como era obvio, no recibió las mismas críticas que *Mujeres al borde de un ataque de nervios*. La nueva década, consecuente con la entrada en la cuarentena del director, mostraría a un Almodóvar más maduro, decidido a demostrarse como un hombre batido en varios *rings*; un director que apostaría por historias cada vez más alejadas del disparate y el humor fácil, hasta convertirse en una referencia del cine español y de la cinematografía internacional. Su nombre entraría de ahí en adelante a hacer parte del olimpo de sus admirados Billy Wilder, Federico Fellini y Douglas Sirk.

## Una vuelta al pasado

Se trataba de sumergirse en lo aprendido para elevar la técnica y poner los puntos claros. Almodóvar ya era un director consagrado, sus películas se esperaban en el mundo entero. Ganaba premios mayores o menores con sus historias. Los riesgos temáticos seguían a la orden del día, aunque la realidad dislocada de los años ochenta había llegado a su fin. España había dejado de ser el país en formación donde todo podía ocurrir, para convertirse en un Estado de la Comunidad Europea y miembro de la Organización del Tratado del Atlántico del Norte (OTAN) y la crisis económica generada por las desavenencias y corrupción del régimen de Franco era un recuerdo del pasado. Otras crisis estaban a la orden del día. La corrupción dentro del gobierno socialista y el natural desgaste de las relaciones entre el partido oficial y sus electores, así como una creciente ola conservadora que llegaba al mundo, hicieron que la España de marcha, la cándida y perdida, se convirtiera en un Estado convencional, dejando el mundo por descubrir en los países del Este europeo.

En 1992 Almodóvar quiso ser tomado como emblema de la campaña por la reelección del PSOE, y de inmediato se pronunció en contra del oficialismo. Su cine no iba a convertirse en caballo de batalla de ningún político. No en vano le había propuesto dos años atrás a Juan Barranco, alcalde de Madrid, un papel en *Mujeres al borde de un ataque de nervios,* como barrendero. El chiste no causó mucha gracia, pero Almodóvar era ya un producto nacional. Almodóvar se preguntó muchas veces antes de emprender su novena película, *Tacones lejanos*, cómo despegar hacia otro lado cuando la comodidad y el lujo lo perseguían. El título lo robó de un viejo guión preparado durante el rodaje de *Mujeres al borde de un ataque de nervios*, en la que la protagonista era una bailarina coja cuya madre había muerto en un incendio. Un filme de flamenco, fuego y horror que jamás se realizó y del que sólo quedó la difícil relación entre una hija y una madre ausente y una confesión por televisión.

La película comenzó a hacer parte del espectáculo que Almodóvar tenía preparado para un público que ya no se sorprendía con el destape de los años ochenta. Primero quiso rodarla con Banderas, pero éste emigró definitivamente hacia el cine de Hollywood tras una controvertida aparición en la película *En la cama con Madonna,* en la cual la diva se le ofrecía. En definitiva, España era un nuevo mercado por conquistar, pero Almodóvar seguía resistiéndose a la tentación de la primera industria del cine mundial. Ante la negativa de Banderas, acudió al cantante y actor, amigo suyo, Miguel Bosé. El papel era muy complejo, pues tenía que dar vida a dos personajes que debían guardar su autonomía para que la historia se sostuviera. Por un lado estaba Femme Letal, un travesti que imita a Becky del Páramo, una famosa cantante *pop* exiliada en México desde los años setenta e interpretada por Marisa Paredes. Y por otro, el juez Domínguez, encargado de investigar el asesinato del que había sido amante de Becky y que años más tarde se había casado con su hija, Rebeca Pinel.

*Tacones lejanos* es *thriller* y melodrama al mismo tiempo, musical lleno de éxitos viejos reciclados o la conflictiva relación entre una madre y su hija. El triángulo del melodrama está signado por dos viejas canciones recuperadas por Almodóvar, *Piensa en mí*, el éxito de Agustín Lara, y *Un año de amor*, interpretada por la italiana Mina a finales de los años sesenta y compuesta por Nino Ferrer. Esas dos canciones, sumadas a una historia en la que se combina el desencuentro de una madre con su hija, al asesinato de un hombre por el que las dos compiten y a la doble identidad de Bosé, hacen de *Tacones lejanos* la más hollywoodense de las películas de Almodóvar. Ese adjetivo, en cuanto al sentido de los grandes melodramas de los años cincuenta, tales como *Imitación de la vida,* de Douglas Sirk. Es decir, una historia tejida por un drama humano, pero de la manera más glamurosa posible. Los trajes, los decorados, el mismo ritmo de la película, dan cuenta de un mundo mucho más cercano al de la burguesía que al de las clases medias en las cuales hasta entonces se había fijado el director. La pelea implícita entre Chanel y Armani —los dos diseñadores que visten a las protagonistas— se convierte en la manera de insistir en la distancia que existe entre ellas.

La cinta fue recibida de manera generosa por la audiencia del mundo, aunque una vez más fue criticada, esta vez por sus seguidores más intelectuales de mediados de los ochenta. Lo acusaron de venderse al establecimiento, de ser "antimoderno", de convertirse en una marioneta que se había vendido a Hollywood. Lo apodaron: "Almodólar". Nuevamente contestó que él no creía en ser o no moderno, sino en ser auténtico. Lo cierto es que estaba comenzando a ganar muy buen dinero, podía darse el lujo de parecer indiferente a las críticas, aunque en lo más profundo siempre estaba muy pendiente de los comentarios que suscitaban sus películas.

De ahí en adelante, en España comenzó a hablarse más del fenómeno Almodóvar que de sus películas. Sus referencias, según el propio director, jamás eran juzgadas con tino. Por ejemplo, si ponía una escena de musical carcelario en *Tacones lejanos*, acompañada por una canción de los hermanos Rosario, lo más *kitsch* del mundo, sólo se le acusaba de cutre, de utilizar el mal gusto para hacer reír, es decir, de almodovariano, pero no veían sus constantes homenajes —a él le gusta llamarlos "robos"— al cine visto, como, en este caso, *El rock de la cárcel,* de Richard Thorpe (1957), o *Cry Baby,* de John Waters (1989).

MIGUEL BOSÉ: Hijo del torero Luis Miguel Dominguín y de la actriz Lucía Bosé. Cantante de inicios de los años ochenta, se hizo conocido con la canción *Bandido,* de 1985. Su padrino de bautizo fue el director de cine Luchino Visconti.

Así mismo, la película dio origen al fenómeno de relanzar cantantes olvidadas o desconocidas para el mundo español. El nuevo lanzamiento de Luz Casal, una chica *pop* de la Movida madrileña, como cantante de boleros fue un éxito. De allí en adelante se hicieron recopilaciones de boleros como *Lo dudo*, que apareció en *La ley del deseo*, reediciones de discos como los de La Lupe, con su *Puro teatro* al final de *Mujeres al borde de un ataque de nervios*, o la puesta al día de la cascada y bella voz de Chavela Vargas.

Almodóvar, pues, se convertía en centro de una industria que promovía sus películas con *happenings* parecidos a los de los años setenta, pero con el *glamour* de los noventa; el estreno se hizo utilizando un carro forrado como un gran tacón en el que iba subido el reparto de la película; sus actores se cotizaban en el mundo entero y su productora lograba ahora estabilizarse económicamente después de que su nombre asegurara un éxito en las taquillas, produciendo incluso la primera película de un director distinto: *Acción mutante*, sorprendente debut de Álex de la Iglesia. *Tacones lejanos* sería escogida por España para una nueva versión del Oscar —no ocurrió nada—, ganaría en 1992 un César francés, y Almodóvar sería escogido como jurado para el Festival Internacional de Cannes. Sus columnas escritas con el pseudónimo de Patty Diphusa se editarían en forma de libro ese mismo año en el que comenzaría el rodaje de una de sus más bizarras y criticadas historias: *Kika*. Su figura se puso en el centro de toda aquella industria del cine español que crecía, aunque no lo suficiente todavía a pesar del triunfo de Fernando Trueba con *Belle Epoque* en la ceremonia de los premios Oscar en 1992.

### *A mi manera*

En 1993 Pedro Almodóvar dijo que *Kika* era su película más personal y, por lo tanto, más arriesgada. Comenzó a escribirla emocionado con la lectura de *Live Flesh*, una novela de la escritora estadounidense Ruth Rendell. Su vida para entonces era un ir y venir de giras y festivales internacionales que lo homenajeaban. Durante los últimos quince años había rodado casi una película por año y el desgaste comenzaba a notarse. Era un hombre solitario, entregado al cine, y consciente de que esa apuesta costaba caro en el plano afectivo. Almodóvar siempre estuvo renuente a hablar sobre su vida privada, pues consideraba que buena parte de ésta estaba puesta en las diez películas que había realizado: "Lo que no es autobiografía es plagio", dijo citando al escritor Francisco Umbral. Realizó *Kika* partiendo de la idea de una mujer optimista en medio de un naufragio, acaso lo que él sentía en medio de la soledad de las giras. Escribía durante las noches de hotel en ciudades distantes, pues esa era su única manera de no entregarse a la desesperación. Parecía un hombre condenado al trabajo, a verlo todo bajo la lente de su cámara, de los decorados y de sus personajes como extensiones de su propio ser.

Verónica Forqué, con quien había trabajado en *¿Qué he hecho Yo para merecer esto!* fue elegida para representar a una mujer que frisaba los cuarenta años, profundamente cándida e inmadura. Su oficio, como el de muchos de sus personajes, tenía que ver con el mundo del espectáculo: era maquilladora. Abandonado a la suerte de esa mujer, alimentó el guión con algunos personajes del libro de Rendell, que aplazó para su posterior adaptación. Así, en 1992 escribió siete versiones del guión final. Cada vez que terminaba una veintena de cuartillas, se le aparecían nuevos rumbos. Al mismo tiempo, como si la edad y el dinero comenzaran a hacer mella, empezaba a experimentar un miedo mayor al momento de emprender sus proyectos. *Kika*, finalmente, se convirtió en el centro de un *thriller* parecido a una película coral o a un estudio de personajes. Un escritor inglés llamado Nick, interpretado por Peter Coyote, vuelve a Madrid después del suicidio de su esposa. Allí lo espera Ramón, su hijastro, que está casado con Kika, que el propio Nick le había presentado años atrás. Los tres, junto a una presentadora sensacionalista de televisión, Andrea Caracortada, interpretada por Victoria Abril, la empleada doméstica de la pareja, Juana (Rossy de Palma) y su hermano, ex actor porno y reo ausente, Paul Bazzo, son la película. En cada uno de ellos, en la triangulación de sus relaciones, en el crimen y la apología que de éste hacen los medios de comunicación, Almodóvar enfoca su cinismo para construir un rompecabezas absurdo, afectado y delirante.

*Kika* es un experimento arriesgado que se ama o se odia. Así les sucedió a la mayoría de espectadores que quizás esperaban a un Almodóvar más delicado tras *Tacones lejanos* y se encontraron con un paisaje abigarrado: las noticias sensacionalistas, el engaño de un escritor que en el pasado había sido asesino múltiple y las espaldas laceradas de los penitentes que se clavan puñales en la espalda en las fiestas religiosas. Todos rostros de una sociedad *voyeurista* y dispuesta a ver lo peor de los seres humanos como una exhibición circense. No en vano uno de los ejes centrales es el programa *Lo peor del día*, un trasunto de los *reality shows* que ya comenzaban a invadir el mundo; Andrea con su cámara como periscopio clavado en la cabeza nos pasea por el escabroso morbo de un país que, al liberar su sexualidad después de la opresión franquista, también se entregó a lo obvio y a lo brutal.

Almodóvar rodaba obsesivamente varias escenas como si tuviese miedo de dar pasos en falso. Así como el argumento fue un estudio profundo y delirante, se arriesgó a invertir mucho en los decorados. Así, *Kika* resultó su película más cara y más compleja en el sentido del montaje; también la más críptica en el manejo de las referencias e influencias cinematográficas, entre las cuales están *Barton Fink,* de Joel y Ethan Coen; *Rear Window,* de Hitchcock; *Peeping Tom,* de Michael Powell, y *Blow Up,* de Michelangelo Antonioni. Todas películas que persiguen el tema de la mirada, del *voyeur*, y del cine como un voyeurismo más al que asistimos para entrometernos en la vida privada de los otros.

Una de las escenas que produjo más repulsa dentro de la crítica, en particular la feminista, es la de la violación de Kika por parte de Paul Bazzo. Éste, recién fugado de la cárcel, decide visitar a su hermana Juana, que es la criada de la casa de Kika y Ramón. Juana es lesbiana y está enamorada de Kika y una y otra vez se le insinúa sin nunca conseguir nada. Al advertir la visita de su hermano, le pide que la amordace y que robe algunas de las cámaras de Ramón, quien es fotógrafo profesional, aunque le insiste en que no entre al cuarto de Kika. Una vez que Paul amordaza y ata a su hermana, roba los enseres, pero decide saltarse la prohibición y entrar al dormitorio donde Kika duerme plácidamente. Paul arranca un gajo de mandarina y lo pone en el sexo de la mujer que apenas si se inmuta. Decide entonces subirse encima de ella y violarla.

Kika despierta y lucha contra el agresor que no repara en sus palabras. El tiempo pasa y la escena comienza a alargarse con un discurso de Kika sobre los problemas de Paul. La duración es extrema, pues alcanza, toda, unos veinte minutos. La escena en sí misma se despliega en varios niveles, hasta mostrarnos que quien está mirando aquella aberración es el propio esposo de Kika desde un edificio contiguo. Ese momento de inflexión del filme juega una y otra vez con los espectadores hasta convencerlos de que todos son unos fisgones.

Como en la novela de Rendell, que después adaptaría, todos los personajes van hacia un mismo lugar sin saberlo. El crimen y la muerte aparecen como un final natural para Almodóvar, que ahora comenzaba a preguntarse en serio por la ausencia y el tiempo. Una vez estrenada sufrió la censura, y fue clasificada una vez más en Estados Unidos como NC17. El silencio en los medios de comunicación lo sumió en la tristeza ya natural que le producía la constante lucha de fuerzas alrededor de sus películas en su país. A propósito, el crítico Javier Maqua del diario *El Mundo* escribió:

> Parece que Almodóvar ha logrado su consolidación europea y su primer fracaso de crítica en España. ¿Deberíamos hablar, una vez más, del socorrido vicio español del "ninguneo"? No es casual que, a dos meses de haber visto *Kika*, sea incapaz de contar, con un mínimo orden, la catarata de acontecimientos que allí sucedían. Pero, ¿qué importa? Un creador no se equivoca, simplemente, camina.

De todos modos, ni era su primer fracaso, ni sufría de ninguneo. Hay que recordar que sus dos películas más "serias" de los años ochenta, *Matador* y *La ley del deseo*, fueron poco reconocidas, o bien por la crítica, o bien por el público. En cuanto al ninguneo, hay que decir que ya en su país era considerado como "el más grande director español después de Buñuel" y comparado a un Quijote que en una cruzada imposible había conseguido renovar la baja producción del cine nacional.

### *Como una vaca sin cencerro*

Almodóvar no daba tregua y apenas terminó la gira de presentación de *Kika* se lanzó a rodar la que sería su última película de la transición de los años noventa, *La flor de mi secreto*. Mucho más intimista, la historia es protagonizada por la que será su "diva" de los noventa, Marisa Paredes. La sociedad con Victoria Abril no terminó de manera tan tajante como con Maura, pero el siguiente papel, el de una escritora de novelas rosa, bastante dramático y lejano de las ideas de *Kika*, lo hizo volver a trabajar con Marisa tras una relación larga que comenzó en *Entre tinieblas* y que continuó con intermitencias hasta *Tacones lejanos*.

*La flor de mi secreto* es quizá su película con menos humor. Es un drama y no un melodrama. En ella aparece una vez más una suerte de álter ego, esta vez femenino, de un director decidido a volver a sus raíces. Para ello ideó una historia en la que la solitaria Leo Macías/Amanda Gris entra en una crisis existencial tras el abandono de su esposo. Es una película de madurez, como él mismo dirá después, y una vuelta a su propia identidad. Almodóvar se encontraba bastante temeroso tras la crítica de *Kika* y decidió hacer un filme completamente opuesto. En esta ocasión, todo el peso de la película recae sobre Leo/Amanda, una mujer urbana, que viene de un medio rural y que, tras años de éxito con la escritura de novelas rosa, en la misma línea de Corín Tellado o Delia Fiallo, ya no puede seguir "mintiendo". Ella misma confiesa, casi como si el parlamento fuese del propio director, que "ahora todo lo que escribo me sale negro, en vez de rosa". En medio de esa crisis, se conocen sus orígenes por vía de una madre y una hermana que viven en La Mancha. El pasado se impone como cura para las angustias y para la falta de ánimo para seguir adelante. Leo Macías, disfrazada de Amanda Gris, ha entrado en la cuarentena con miedo a envejecer; bebe en demasía y añora el amor de su marido. Aunque Amanda o Leo no sean Almodóvar, como Madame Bovary no es Flaubert, una vez más el director se desnuda un poco y nos muestra cómo la escritora quiere volverse seria, repudiando una condición que para los demás es sueño. Por ello intenta convertirse en crítica literaria del periódico *El País*, y allí encuentra que entre la supuesta alta cultura sus novelas son apreciadas con sorna como auténticos productos populares bastante divertidos. A Leo poca gracia le hace que la primera crítica que le encarguen sea sobre Amanda Gris, su seudónimo, a quien dice odiar con toda el alma. En ese momento, su vida se convierte en una honda reflexión sobre el estado de su existencia y de sus relaciones.

Está tan sola que ya no tiene ni quién le afloje los zapatos, como dice en una de las escenas de la cinta.

La película era la segunda entrega de una suerte de trilogía sobre la memoria y el pasado, que había comenzado —así lo pensó Almodóvar entonces— con *Tacones lejanos*, y terminaría con *Todo sobre mi madre*. El título escogido era *Como una vaca sin cencerro*, frase con la cual su madre solía llamarlo en la infancia. Incluso la cinta iba a ser dedicada a doña Francisca Caballero, a quien desde *Mujeres al borde de un ataque de nervios* llamó para sus películas, casi siempre para que apareciera en insertos televisivos o musicales, como presentadora de programas literarios o acompañante de un grupo de músicos. La relación con su madre, a lo largo de toda su vida, estuvo presente. La invitaba a sus rodajes junto a sus hermanas, le asignaba aquellos papeles, para que se interpretara como ella misma era. Doña Paquita, siempre crítica con las historias de su hijo, lo acusaba de aborrecer el pueblo en el que había nacido, y le pedía que hiciera una película religiosa, al estilo de los realizadores de los años cincuenta. Ingenua o no, jamás quiso ver todas las películas de Almodóvar, a quien le preguntaba cuánto le iban a pagar por sus papeles. Finalmente, la dedicatoria fue aplazada, pues la historia impuso que la relación de la madre y la hermana de Leo Macías fuera una parodia directa de la relación de su propia madre con sus hermanas. María de Jesús y Antonia habían crecido y permanecido junto a Francisca y eran, como cualquier relación perdurable, el reflejo de una vida cotidiana llena de riñas por problemas menores, pero, por lo mismo, incapaces de separarse.

Si *Kika* supuso la deshumanización y el tratamiento de ideas abstractas, *La flor de mi secreto* es una película humana sobre el dolor de crecer, de no poder volver a las raíces del todo, de vivir solo en el mundo. "Hacer cine no es un buen modo de huir de la soledad. Lo que sí es cierto es que escribir y dedicarte a un trabajo tan obsesivo como éste le da sentido a tu vida, y, sobre todo, te proporciona el pretexto para huir de tus auténticos problemas. Los apartas y el cine se convierte en tu propia vida".

## Un país que ha dejado de temer

En marzo de 1996 el conservador José María Aznar fue elegido como presidente de España. Aznar había sufrido un atentado el año anterior por parte del grupo separatista vasco ETA, y su popularidad había crecido en la medida en que descendía la simpatía por el PSOE tras catorce años de gobierno de Felipe González. El hecho en sí mismo también respondía a una ola que recorría a Europa, acosada por problemas de migración y desempleo. La derecha, una vez más, apelaba al discurso de poner la casa en orden, y tanto Francia como Italia regresaban por viejos caminos. Sendas que Almodóvar conocía muy bien y que, a pesar de su apolitismo, lo preocupaban. Para dichas elecciones se mostró una vez más reacio a apoyar a cualquiera de las dos alternativas, y se dedicó más bien a comenzar el rodaje de su decimosegunda película, *Carne trémula*.

La idea era adaptar la novela *Live Flesh*, de la escritora Ruth Rendell, para la que había obtenido sus derechos a través de su productora El Deseo S. A., para entonces una establecida y prominente empresa, ubicada en la calle Francisco Navacerrada de Madrid. La novela iba a ser utilizada para *La flor de mi secreto*, pero la historia fue otra. Era la primera vez que Almodóvar cedía a la tentación de adaptar una obra literaria, corriendo el riesgo de perder el hilo de su propia personalidad, puesta al servicio del cine. Sin embargo, el argumento comenzó a cambiar de rumbo —como en todos sus guiones anteriores— cuando le pidió ayuda al escritor Ray Loriga y al guionista Jorge Gerricaecheverría. Si en el pasado había dicho que la película sería filmada en Londres, para guardar la esencia del libro, pronto se dio cuenta de que era el tono de suspenso y algunos visos narrativos lo que lo inspiraba de la historia de Rendell, pero nada más.

Así que decidió seguir en sus fueros, olvidarse de rodar en inglés, y recoger la esencia de la historia, para convertirse en una proyección de sus gustos y preocupaciones intelectuales. Aunque conservó el nombre de Rendell y el título original de la obra, los personajes y la circunstancia en que allí aparecen son una nueva muestra de que el director estaba sintonizado con la historia contemporánea de su país. ¿Cómo, si no, se explica su mención, por primera vez en su carrera, del franquismo? La historia de *Carne trémula* comienza en uno de los momentos más terribles del régimen de Franco. En 1970 su dictadura empezaba a resquebrajarse tanto nacional como internacionalmente. Las protestas en contra de su autarquía por parte de obreros, estudiantes y separatistas sumieron al país en una de las peores crisis de los cuarenta años de su gobierno. Las relaciones entre España y Estados Unidos estaban en un momento difícil, pues Richard Nixon y Henry Kissinger comenzaban a cansarse de la voluntad de un dictador que prestaba sus bases militares, pero que pedía demasiado a cambio, y luego se vanagloriaba como si los hubiera burlado. Ese año, uno de los miembros de ETA se había inmolado delante del dictador, y los juicios de Burgos en contra de dieciséis prisioneros vascos como muestra de una fuerza que ya no tenía terminaron de sumir al país en un enfrentamiento directo en contra de un hombre que ya alcanzaba los setenta y seis años y que se negaba a ceder el poder. Por ello, se decidió decretar en diciembre de ese año el estado de excepción, que no era otra cosa que la pérdida de libertades civiles para los españoles.

Todo ese clima, como si estuviera advirtiéndolo de manera velada con el cambio de gobierno de 1996, es el punto de partida de *Carne trémula*. En pleno estado de excepción, en 1970, las calles de Madrid están vacías. Una mujer, habitante de una pensión céntrica, está a punto de dar a luz. Como hay pérdida de libertades civiles, nadie puede salir a la calle. Ante la urgencia, su casera la saca a la fuerza y detiene un autobús arriesgando su propia vida. El niño nace en el interior del transporte y su historia será el desencadenante de una tragedia que ocurrirá veinte años después. Para entonces, dos policías, Javier Bardem y José Sancho, recorren una ciudad llena de gente en la calle y la situación se muestra totalmente opuesta a la realidad de veinte años atrás.

*Carne trémula* es casi una tragedia griega. Víctor (Liberto Rabal), el niño nacido en estado de excepción, conoce a una chica, Elena, de la que se enamora con locura tras un coito furtivo. Elena, interpretada por Francesca Neri, es una yonqui, hija de un rico diplomático, que espera la llegada de un expendedor de drogas. En ese momento, Víctor la llama para convencerla de que se vean. Ella se niega en su desesperada ansiedad, y Víctor termina dando vueltas por todo Madrid hasta conseguir entrar en el apartamento de la mujer. Una escena de disputa termina con un disparo y la llegada de los dos policías, David, prometedor y joven (Javier Bardem), y Sancho (José Sancho), fracasado, machista y alcohólico. Sancho sabe que David se acuesta con Clara (Ángela Molina), su mujer, y aprovecha para generar una confusión que termina en un disparo que deja inválido a su compañero. Víctor es acusado y enviado a la cárcel por seis años.

Ese lapso lleva a los espectadores al año de la película, es decir, a 1996. Víctor sale libre y busca la tumba de su madre (Penélope Cruz), quien fue prostituta durante toda su vida. En el mismo cementerio se realiza la boda del padre de Elena, quien ahora está casada con el inválido y basquetbolista paralímpico y ex policía David. Víctor encuentra a Clara en el mismo entierro y se desencadena un romance. Por su parte, Sancho está sumido en el alcoholismo.

Los personajes se cruzan y la trama se vuelve un nudo de venganzas y culpables donde todos terminan asilados del mundo o muertos, salvo Elena y Víctor, quienes al final tienen un hijo que nace en circunstancias similares a las de este último: a bordo de un automóvil. La escena final quizá resuma el tiempo que ha transcurrido cuando Víctor le dice a su hijo que viene en camino: "Veintiséis años antes, las calles estaban desiertas, ahora el bullicio hace que los coches no puedan ni moverse, las aceras están repletas de gente alegre, borracha y consumidora. Hace tiempo que en España la gente ha perdido el miedo".

ETA: *Euskadi Ta Askatasuna*. Grupo separatista vasco creado en 1959. Despertó simpatías en algunos sectores antifranquistas por su oposición a la represión de la dictadura bajo la consigna de "Euskadi y Libertad".

*Carne trémula* no está realizada con el mismo vértigo que *Kika*, ni con la aridez de *La flor de mi secreto*. Concentrado en lo que sienten sus personajes y en cómo se cruzan para articular su historia, ahonda en las contradicciones humanas, en su tristeza y desarraigo, como si estuviera preparando el camino para las dos obras siguientes, reflexiones sobre una muerte más real, menos explotada paródicamente y acaso más humana. A propósito, Almodóvar diría: "No se me había ocurrido (pero pensando en el género, tan difícil de asignar), tal vez *Carne trémula* no sea sino un cuento de Navidad. Odio la Navidad, pero me gustan los cuentos navideños, especialmente si son muy tristes".

## *Todo sobre Eva*

Aunque decidió no dedicar *La flor de mi secreto* a su madre, Francisca Caballero, estaba claro que quería hacer una película en la cual se expresaran todas sus obsesiones por las mujeres y la maternidad, tomando como referente la película *All About Eve*, de Joseph Mankievickz (1950). *Todo sobre mi madre* es un tratado del dolor y una exploración de éste, a través de una de las actrices que lo acompañó en los inicios de su carrera, la argentina Cecilia Roth. Cada vez más preocupado por los detalles del alma humana, por la capacidad de la misma de reinventarse una y otra vez, el cine de Almodóvar alcanza en ésta, su más premiada y vista película, la expre-

LIBERTO RABAL: Nieto del actor de cine Paco Rabal. Su presencia en la película es un homenaje a su abuelo, quien desde los años cincuenta fue uno de los grandes actores del cine español.

sión de lo intangible por vía de magníficas actuaciones y una historia honda en la cual las madres se multiplican como en un juego de espejos.

Los recuerdos de su propia infancia en La Mancha lo volcarían a retratar esa imperiosa necesidad de las mujeres por fingir: aquellas señoronas que en su Calzada de Calatrava natal escondían las lágrimas tras la partida de los hijos, la muerte de los próximos y el dolor de existir, todo con tal de evitar tragedias en un reino dominado por hombres sentados en sillones como tronos. Ellas caminaban quedamente, en silencio, para no espantar la concentración y la dureza de aquellos seres rígidos. Siempre supo que ellas eran las que terminaban por resolver los problemas, que ellas eran el ojo más delgado de la aguja por el cual pasaba el fino hilo de la estabilidad familiar. Ese era entonces el tema: volver al solar de la niñez y aguzar el oído para escuchar las voces de la maternidad herida.

La otra idea, que iba por el mismo camino, vino por cuenta de algunas notas que había tomado durante el rodaje de *La flor de mi secreto*, en las que se preguntaba por la capacidad que tienen ciertas personas para actuar aun sin ser actores: una mujer que trabaja como enfermera, y en cuya unidad de cuidados intensivos se realizan dramatizaciones de probables situaciones por enfrentar con los familiares de los pacientes, experimenta un buen día en carne propia la tragedia de la muerte de su propio hijo.

Al enlazar las dos ideas, se le impuso una vieja obsesión: incluir en alguna de sus películas la pieza de Tenessee Williams, *Un tranvía llamado deseo*, donde confluye toda la crudeza de la soledad de Blanche Dubois, cuya frase "Siempre he confiado en la bondad de los desconocidos" se convirtió en la "bondad de las desconocidas".

Con el argumento resuelto, Almodóvar rueda lejos de Madrid, que había sido hasta entonces su *locus loci*. "Manuela (Cecilia Roth) se condena a sí misma y esa condena la salva", escribe el realizador en uno de sus diarios. Al ver morir a su hijo, atropellado por un auto después de ver una función de *Un tranvía llamado deseo*, decide partir sin demora hacia Barcelona, de donde había huido dieciocho años antes, para contárselo todo a Esteban, el padre del adolescente, un embrión de escritor obsesionado con las historias que leía, con quien Almodóvar se identifica. El padre es un transexual a quien todos llaman Lola (Toni Cantó). En el entre tanto, Manuela encuentra a una vieja amiga llamada Agrado (Antonia San Juan), también transexual, quien la hará conocer a la novicia Rosa (Penélope Cruz), embarazada también por Lola. Manuela vierte todo su amor sobre ese ser que comienza a crecer en el vientre de Rosa y mientras establece una relación con la actriz Huma Rojo (Marisa Paredes), quien actúa junto a su hija Nina (Candela Peña) en *Un tranvía llamado deseo*, su vida va tornándose más soportable tras el dolor de su pérdida.

*All about Eve*: Bette Davis y Anne Baxter bajo la dirección de Joseph L. Manckievicz protagonizan esta película que cuenta la historia de una joven actriz de éxito que acaba de ganar un premio y es envidiada por todo el círculo del espectáculo. Ganó seis premios Oscar y es la inspiración principal de *Todo sobre mi madre*.

Si el cine de Almodóvar en *Mujeres al borde de un ataque de nervios* ensalzó la comedia y el histerismo dramático de las mujeres, en *Todo sobre mi madre* hace un decidido homenaje al sentir de las madres, a su sensibilidad y a su manera de enfrentarse a la vida; y a doña Paquita Caballero, quien morirá ese mismo año, tras participar en cinco de sus películas.

"Esta es la película con la que nos quedamos huérfanos", dijo Agustín Almodóvar al enterarse de que *Todo sobre mi madre* había ganado el Oscar a la mejor película extranjera en la 72ª edición de dichos premios en 1999. La ceremonia en el teatro Shrine de Los Ángeles presentó a un Almodóvar conmovido, a punto de no poder hablar con claridad, que daba gracias a todos los santos, a sus hermanas, a su pueblo y a España. Penélope Cruz, la encargada de abrir el sobre, sólo atinó a emitir un sonoro "¡Pedro!", que después sería comidilla de la prensa. El aplauso del público se prolongó durante varios minutos: el hombre había cumplido su sueño de acariciar una estatua dorada. La película le valió también el premio al Mejor Director en el Festival de Cannes y muchos otros durante un año de giras, en el que apenas si pisó Madrid, y en el que todo el mundo, desde su admirado John Waters, hasta Quentin Tarantino, quisieron conocerlo. Su nombre había engendrado un adjetivo: almodovariano.

### *El hombre que llora*

Era principios de abril de 2000, y acababa de llegar de Los Ángeles "con una pesada estatuilla dorada y asexuada que todo el mundo quería arrullar; como si fuera un recién nacido". Después de un año fuera de casa, promocionando y agradeciendo premios, sólo ansiaba sentarse a escribir; pero antes tenía que presentar

... a mi único hijo metálico y que todo quisque se hiciera una foto con él. Nunca un objeto ha sido tratado con tal mimo, como si fuera un ser vivo. También tuve que llevarlo a mi pueblo natal para que mis paisanos comprobaran con sus propias manos el dorado material con el que está hecho mi galán americano.

Superados los fastos locales, la gente esperaba que me retirara a un lugar paradisíaco a descansar; o que iniciara la negociación de fabulosos contratos en inglés, pero lo único que yo quería era escribir. Saber cuál sería mi próxima película, que ya había decidido rodarla aquí (en España) y en español.

Había dos temas que palpitaban en mi ordenador. Uno era el de *La visita*, antiguo relato adolescente convertido en *La mala educación*. Yo lo había adaptado en forma de guión durante varios años, pero el resultado no me convencía. Eso no me impedía que siguiera enganchado a esa historia de "desorden moral religioso", y quería reescribirla de nuevo. Además estaban las notas sobre *La bella durmiente de la clínica El Bosque*, que muy pronto adoptó definitivamente el título de *Hable con ella*. Fue el misterio de ésta lo que abordé en primer lugar.

A los dos meses ya tenía un guión bastante afinado, que me intrigaba lo suficiente para convertirlo en una película. Era un guión intimista, y complicado, donde sólo importaba la emoción, y cuya narración evoluciona en todas direcciones y además contiene varias unidades independientes que habría que rodar aparte. Es una historia de amistad, comunicación y locura, que también es una historia de amor; incomunicación y bonhomía. Como siempre que termino de escribir dejé que la historia reposara. Había llegado el verano y volví a sumergirme en *La mala educación*. Después de reescribirla durante años, en el verano de 2000 creí dar con la clave, y en el otoño ya tenía el guión definitivo, —escribió en su diario (Almodóvar: *El País*, 38).

En 2001, Almodóvar comenzaba, cada vez más, a pensar en el pasado como punto de llegada. Su madre, había muerto dos años atrás, y ese dolor, tras el triunfo de *Todo sobre mi madre*, lo perturbó al punto de llevarlo a rodar un drama en que se entrecruzan nuevamente todas sus obsesiones: el cine (hace un inserto de una película muda, *Amante menguante*); el toreo como algo sagrado para su cultura (en el que triunfa y muere una mujer); el amor y sus dificultades, y, finalmente, el renacer que entraña toda ausencia. *Hable con ella*, es una película de un director consciente de los mecanismos del cine. Su argumento es nítido y la música es inmejorable; su reparto, encabezado por Javier Cámara, un joven que había trabajado más en televisión que en cine, no sufre de baches (salvo, quizá, Geraldine Chaplin). La cinta se construye como una película simétrica, en la cual dos mujeres en estado de coma representan muchos sueños de esos hombres que lloran junto a su lecho.

*Hable con ella*, además, profundizó en personajes masculinos, lo que había ya sucedido en películas anteriores, pero sin el dramatismo de Dario Grandinetti y Javier Cámara. El primero, representa el papel de Marco, un periodista que vive un duelo eterno por una mujer perdida, a pesar de haber encontrado solaz en su nueva relación con Lydia, interpretada por Rosario Flores. El segundo, en el rol de Benigno, un enfermero que se enamora y termina por violar a Alicia, una bailarina en profundo estado de coma (Leonor Watling). Los dos son hombres de otro tiempo, hombres que han aprendido a llorar y que están muy lejos de ese recuerdo machista de la infancia del director manchego.

Una vez más, Almodóvar ganaría un Oscar, esta vez en la categoría de mejor guión original, y con su próxima película, que ya tenía asegurada la inauguración del Festival de Cannes, en el que no concursaría, volvería, como en un exorcismo, a rodar un argumento tan autorreferencial como todo su cine; sólo que esta vez haría una parábola de lo que había sido su vida hasta este siglo XXI.

## *La buena educación*

Dos mil tres. Tiene cincuenta y tres años. Ha decidido rodar por primera vez una secuencia de sus películas en La Mancha. Es la número quince. Desde 1979, ha filmado casi una película por año. En otras palabras, su vida ha estado inmersa en las tripas del cine. Los rodajes se le antojan como excursiones a islas desiertas. Una vez que elige el elenco, se encierra y no deja que nadie interrumpa su trabajo. Casi siempre lleva discos por descubrir, una buena variedad de novelas, que prefiere sobre otros géneros y, en tiempos más recientes, un aparato de DVD para ver películas.

Ha recobrado *La visita*, un viejo texto escrito en la adolescencia, que tenía el tono revanchista de querer verter todo su veneno contra la doble moral de los padres salesianos. Eso no le gustó desde el principio. Sin embargo, quiere que su personaje principal sea un travesti que visita a los curas con los que se educó. Después superpone otras historias, pues desde *Tacones lejanos* ha vivido obsesionado por crear relatos dentro del argumento principal. La de un director, en la década de los ochenta, en plena ebullición de la Movida, que recibe la visita del hermano de un amor de infancia, que se hace pasar por él. La de un rodaje. La de una película que yace, como telón de fondo, en otra película. Escribe en su diario:

> Lo que queda de la antigua *Visita* (además de haberse enfriado y ennegrecido) es una especie de pieza independiente, dentro de *La mala educación*, como ya ocurría en *Carne trémula* (toda la historia inicial del autobús) y *Hable con ella* (el amante menguante). Le he cogido el gusto a este tipo de estructura que combina narraciones paralelas, historias que entrañan historias, en este caso triángulos que entrañan círculos viciosos. Tres son las visitas (del rencor) que se superponen y componen la trama, siempre en forma de triángulo. La primera es una visita al pasado (dos niños conocen la amistad, el cine y el miedo en un colegio religioso a principio de los años sesenta. El cura que les da clase de literatura es testigo y parte de estos descubrimientos). Los tres personajes vuelven a encontrarse dos veces más, a final de los años setenta y en el ochenta, y ocurren muchas cosas tremendas, que no pienso desvelar antes de que se estrene la película.

Rueda también en Valencia. Recupera el viejo salón de cine Tyris y una señora de edad llama emocionada a su vecina para contarle la buena nueva de la reapertura del teatro olvidado. Piensa que a ellas, igual que a él, debió ocurrirles algo demasiado importante en el cine. Aunque, como cuando sus padres se levantaban de las sillas ante las escenas de amor, él sepa que la ilusión acaba demasiado pronto. La gente se agolpa en los balcones en un verano soporoso. "Estábamos preparando una escena de lluvia y de pronto, en la pantalla de video a través de la cual controlo todo, vi que un niño de unos diez años recibía el agua de las pértigas con la alegría con que los niños saludan los fenómenos naturales, aunque éste no lo fuera", escribe en su diario.

Cuando ve actuar a Gael García Bernal, como Zahara, el travesti, siente que todos los hombres disfrazados de mujer guardan algo de sus madres y sus hermanas. El gesto permanece en ellos, inmutable, vivo, a través de toda la vida. Si no calcula mal, el rodaje le llevará nueve semanas. Desde hace un tiempo ha decidido montar mientras rueda. Dice sentirse más seguro de que las cosas funcionen. A veces graba pequeñas escenas en una cámara súper 8, como otro homenaje más al pasado. No es que viva entre las tinieblas, pero su vida y su cine han sido, desde siempre, simbióticos.

Al terminar el rodaje, cuenta extractos y publica algunas fotos en la prensa. Manipula la información. Sabe que todo el mundo está interesado en conocer cómo fue su infancia. Al estrenarla, le llueven preguntas sobre la existencia real de los personajes. Piensa en silencio que aquellos que buscan una y otra vez la realidad en el cine no podrán comprender ni lo uno ni lo otro. En todos sus personajes hay algo de él. En las mujeres, algo suyo, de sus hermanas, de los dichos de su madre. En los hombres, igual.

Algunos piensan que la película no aborda el tema de la educación, en un sentido estricto. Pero sí que lo aborda. Es un largo recorrido por la carretera de su vida. Su última película hasta el año 2003 es, una vez más, una mirada sobre su propia formación, sobre sus inquietudes, sobre sus miedos y sobre los fantasmas que lo habitan.

Si un rodaje es un hogar —como escribe en uno de sus diarios de campo— él ha sido el principal habitante de esa casa. Lleva treinta años haciendo lo mismo. Desde ese día de 1973 cuando compró su primera cámara de súper 8, con la que iba de un lado a otro filmándolo todo, mientras escribía esbozos de historias en el cuartel de la Telefónica. Un sólo rodaje, en el cual no se ha enamorado mucho, ha vivido la soledad y ha conocido a sus amigos. McNamara, Olvido, Carlos Berlanga, Carmen Maura, Chus Lampreave, Kity Manver, Cecilia Roth, Agustín Almodóvar, Ceesepe, Iván Zulueta, Mariscal, las Costus, Pepe Salcedo, Juan Gatti, Miguel Bosé, Ennio Morricone, Caetano Veloso, Victoria Abril, Rossy de Palma o Marisa Paredes son los nombres inscritos en sus paredes.

No está cansado de hacer cine, pero se refugiará durante unos meses hasta que los premios lo saquen de sus proyectos. Escribirá hasta tarde nuevas versiones de historias que aún le quedan por contar. Como la de aquel niño que saluda a la lluvia, que podría ser él mismo:

El niño vivía enfrente, y se había escapado de su casa. Después de soportar semanas de un calor sofocante, el niño, ya acostado, oyó el ruido de la lluvia y salió a la calle pletórico, mientras sus padres seguían pegados al balcón. Buscando agua que lo refrescara, se puso en el centro de nuestro plano. Me gusta pensar que para este niño el cine estará siempre unido a la idea de algo tan ansiado y milagroso como aquella lluvia falsa. Nadie lo echó del área cerrada del rodaje, de hecho yo pensé que era familiar de algún miembro del equipo, porque se movía con mucha naturalidad. Aquella noche de lluvia, el personaje de Lluís Homar se lanzaba hambriento a los labios del personaje que interpreta Gael, cuando descubre que no volverá a verlo durante un tiempo. Es una escena muy dramática y por su naturaleza me habría gustado que no hubiera testigos, pero no pudo ser. Aunque fueran las tres de la mañana, los balcones estaban repletos. Cuando llegó el beso, escuchamos un suspiro generalizado, seguido de un aplauso. Busqué los ojos del niño, esperando que al menos él no estuviera, pero sí estaba, contemplando probablemente por primera vez en la vida cómo dos hombres se besaban desesperadamente bajo la lluvia.

Y entonces, al terminar, estrenará la película, ganará el premio de la Crítica en Nueva York y, volviendo a lo de siempre, declarará que ya tiene una nueva película en camino. Al fin y al cabo, su vida es un escenario.

## Cronología

1951: Nace el 25 de septiembre en Calzada de Calatrava, pequeña población de Castilla-La Mancha. Hijo de Antonio Almodóvar y Francisca Caballero.

1959: Su familia decide dejar el pueblo natal para aventurarse hacia Cáceres, Extremadura, donde, además de ser internado en un colegio de religiosos salesianos, se maravilla por primera vez con el cine.

1968: Después de salir del internado y de una breve estancia en la milicia, se traslada a Madrid para estudiar cine. La Escuela Nacional de Cine será cerrada un año después por Francisco Franco. Entra a trabajar como operario de la Compañía Nacional Telefónica.

1969-1972: Hace un viaje a Londres, donde conoce el *pop* de Andy Warhol, en el arte, y John Waters, en el cine. Mientras trabaja como operario en Telefónica escribe relatos y adquiere una cámara súper 8 mm con la que filma su primer cortometraje llamado *Film político*.

1975: En noviembre muere el dictador Francisco Franco. Con su muerte se acaban casi cuarenta años de encierro y España entra en una transición política.

1978: Con diez cortometrajes filmados en súper 8 mm, se hace conocido en los ambientes subterráneos de Madrid y Barcelona. Comienza la época de la Movida madrileña.

1979-1980: Durante dieciocho meses rueda su primer largometraje, *Pepi, Luci, Bom y otras chicas del montón.*

1981: Renuncia a su empleo en Telefónica para dedicarse de lleno al cine.

1982: Rueda su segundo largometraje, *Laberinto de pasiones*, que será visto por muchos como una "radiografía de la Movida". El Partido Socialista Obrero Español gana las elecciones de ese año. Felipe González es elegido como nuevo presidente de España.

1983: Cambia de registro y hace una parodia de los filmes religiosos de mediados de los años cincuenta llamada *Entre tinieblas*. Se aleja de la movida. Muere su padre, Antonio Almodóvar.

1984: Filma *¿Qué he hecho Yo para merecer esto!*, un homenaje a las películas del neorrealismo italiano.

1985-1987: Rueda y estrena dos películas más: *Matador* y *La ley del deseo*. Con esta última inaugura su propia productora en compañía de su hermano Agustín, El Deseo S. A. Comienza a hacerse conocido como el niño terrible del cine español.

1988: Es nominado al Oscar en la categoría de mejor película extranjera con *Mujeres al borde de un ataque de nervios*. Se hace conocido mundialmente, a pesar de no haber conseguido el premio. Es tentado por Hollywood, pero decide rechazar las propuestas.

1989-1995: Su vida se ha convertido en un obsesivo trabajo. Rueda en 1989 *¡Átame!*; en 1991, *Tacones lejanos*; en 1993, *Kika*; y en 1995, *La flor de mi secreto*. Produce la primera película del director Álex de la Iglesia, *Acción mutante*.

1997: El Partido Popular derrota al PSOE tras catorce años de mandato socialista. Por primera vez en su cine hace una referencia explícita al franquismo en la adaptación de la novela de la escritora estadounidense Ruth Rendell, *Carne trémula*.

1999: Fallece su madre, Francisca Caballero. Decide hacer un homenaje decidido a todas las madres, actrices y mujeres en la película *Todo sobre mi madre*, con la cual obtiene su primer premio Oscar a la mejor película extranjera.

2001-2005: Estrena las películas *Hable con ella* y *La mala educación*. Esta última obtiene el premio de la Asociación de Críticos de Nueva York e inaugura el Festival de Cannes. Es conocido como el más importante realizador de cine español junto a Luis Buñuel.

## Filmografía

*Cortometrajes como escritor y director:*

*Film político* (1974), *Dos putas o historia de un amor que termina en boda* (1974), *La caída de Sodoma* (1975), *Homenaje* (1975), *El sueño o la estrella* (1975), *Blancor* (1975), *Las tres ventajas de Ponte* (1975), *Sea caritativo* (1976), *Sexo va, sexo viene* (1977), *Complementos* (1977), *Folle... folle... fólleme Tim* (1978), *Salomé* (1978).

*Largometrajes como escritor y director:*

*Pepi, Luci, Bom y otras chicas del montón.* Guión: Pedro Almodóvar. Reparto: Carmen Maura, Félix Rotaeta, Alaska (Olvido Gara), Eva Siva, Kiti Manver, Julieta Serrano y Fabio de Miguel (McNamara). Fígaro Films, 1980.

*Laberinto de pasiones* (1982). Guión: Pedro Almodóvar. Reparto: Cecilia Roth, Imanol Arias, Marta Fernández-Muro, Fernando Vivanco, Helga Liné, Ofelia Angélica, Antonio Banderas y Luis Ciges. Alphaville, 1982.

*Entre tinieblas.* Guión: Pedro Almodóvar. Reparto: Cristina Sánchez Pascual, Julieta Serrano, Marisa Paredes, Chus Lampreave, Carmen Maura, Lina Canalejas y Mari Carrillo. Tesauro, 1983.

*¿Qué he hecho Yo para merecer esto!* Guión: Pedro Almodóvar. Reparto: Carmen Maura, Ángel de Andrés López, Chus Lampreave, Verónica Forqué, Kiti Manver, Juan Martínez, Miguel Ángel de Herranz, Katia Loritz, Gonzalo Suárez, Emilio Gutiérrez Cabal y Amparo Soler Leal. Tesauro, 1984.

*Matador.* Guión: Pedro Almodóvar y Jesús Ferrero. Reparto: Assumpta Serna, Nacho Martínez, Antonio Banderas, Eva Cobo, Julieta Serrano, Chus Lampreave, Carmen Maura y Eusebio Poncela. Iberoamericana (y TVE), 1985-1986.

*La ley del deseo.* Guión: Pedro Almodóvar. Reparto: Eusebio Poncela, Carmen Maura, Antonio Banderas, Miguel Molina, Manuela Velasco, Bibi Andersen, Fernando Guillén, Fernando G. Cuervo, Nacho Martínez y Helga Liné. El Deseo S. A., 1987.

*Mujeres al borde de un ataque de nervios.* Guión: Pedro Almodóvar. Reparto: Carmen Maura, Fernando Guillén, Julieta Serrano, Antonio Banderas, Rossy de Palma, María Barranco, Kiti Manver, Chus Lampreave, Loles León y Willy Montesinos. El Deseo S. A., 1988.

*¡Átame!* Guión: Pedro Almodóvar. Reparto: Victoria Abril, Antonio Banderas, Loles León, Julieta Serrano, María Barranco, Rossy de Palma y Francisco Rabal. El Deseo S. A., 1989.

*Tacones lejanos.* Guión: Pedro Almodóvar. Reparto: Victoria Abril, Marisa Paredes, Miguel Bosé, Feodor Arkine, Pedro Díez del Corral, Ana Lizarán, Myriam Díaz-Aroca y Mairata O'Wisiedo. El Deseo S. A., Ciby 2000, 1991.

*Kika.* Guión: Pedro Almodóvar. Intérpretes: Verónica Forqué, Peter Coyote, Victoria Abril, Álex Casanovas, Rossy de

Palma, Santiago Lajusticia, Anabel Alonso, Bibi Andersen y Charo López. El Deseo S. A., Ciby 2000, 1993.

*La flor de mi secreto*. Guión: Pedro Almodóvar. Reparto: Marisa Paredes, Juan Echanove, Carmen Elías, Rossy de Palma, Chus Lampreave, Kiti Manver, Joaquín Cortés, Manuela Vargas e Imanol Arias. El Deseo S. A., Ciby 2000, 1995.

*Carne trémula*. Guión: Pedro Almodóvar. Reparto: Francesca Neri, Liberto Rabal, Javier Bardem, Ángela Molina, Pepe Sancho, Pilar Bardem y Penélope Cruz. El Deseo S. A. Ciby 2000, France 3, 1997.

*Todo sobre mi madre*. Guión: Pedro Almodóvar. Reparto: Cecilia Roth, Marisa Paredes, Candela Peña, Antonia San Juan, Penélope Cruz, Rosa María Sardá, Fernando Fernán-Gómez, Fernando Guillén, Toni Cantó, Eloy Azorín, Carlos Lozano y Lluís Pascual. El Deseo S. A., Renn Productions, France 2 Cinéma, 1999.

*Hable con ella*. Guión: Pedro Almodóvar. Reparto: Dario Grandinetti, Javier Cámara, Rosario Flores, Leonor Watling y Geraldine Chaplin. El Deseo S. A., 2001.

*La mala educación*. Guión: Pedro Almodóvar. Reparto: Gael García Bernal, Javier Cámara, Fele Martínez, Daniel Jiménez Cacho, Francisco Boira, Lluís Homar. El Deseo S. A (con la colaboración de Canal + y TVE), 2003.

## Bibliografía


Almodóvar, Pedro, *Patty Diphusa y otros textos,* Editorial Anagrama, Barcelona, 1991.

Allinson, Mark, *Un laberinto español. Las películas de Pedro Almodóvar* (trad. de Juan Carlos Frugone), Editorial Ocho y Medio, Madrid, 2003.

Cabrera Infante, Guillermo, "El indiscreto secreto de Pedro Almodóvar", en *Cine o sardina,* Editorial Alfaguara, Madrid, 1997.

Cervera, Rafael, *Alaska y otras historias de la movida,* Editorial Nuevas Ediciones de Bolsillo, Barcelona, 2003.

Holguín, Antonio, *Pedro Almodóvar,* Editorial Cátedra, Madrid, 1999.

Markus, Sasa, *La poética de Pedro Almodóvar* (trad. de Maja Andrijevic), Littera Books, Barcelona, 2001.

Pollimeni, Carlos, *Pedro Almodóvar y el* kitsch *español,* Editorial Campo de Ideas, Madrid, 2004.

Preston, Paul, *Franco, caudillo de España* (trad. de Teresa Camprodón y Diana Falcón), Editorial Nuevas Ediciones de Bolsillo, Barcelona, 2004.

Séguin, Jean-Claude, *Historia del cine español* (trad. de José Manuel Revuelta), Acento Editorial, Madrid, 2002.

Strauss, Fréderic, *Pedro Almodóvar, un cine visceral* (trad. de Marie Delporte y Matías Mujica), Ediciones El País y Santillana, Madrid, 1995.

Torres, Augusto, *Locos por el cine. Quinientas películas,* Editorial Punto de Lectura, Madrid, 2002.

Yarza, Alejandro, *Un caníbal en Madrid,* Ediciones Libertarias, Madrid, 1999.

*En Internet*

A pesar de que existen miles de enlaces en Internet sobre Pedro Almodóvar, su página oficial es la más completa: http://www.clubcultura.com/clubcine/clubcineastas/almodovar/

# Sumario

Este libro se terminó de imprimir en el mes de junio
del año 2005 en los talleres bogotanos
de Panamericana Formas e Impresos S. A.
En su composición se utilizaron tipos
Sabon, Bodoni Poster y Akzidens Grotesk
de la casa Adobe.